职业教育汽车类专业新形态教材

汽车维护与保养

QICHE WEIHU YU BAOYANG

主　编　黄成松　胡　萍

副主编　肖　芳　马艳婷　黄成金

参　编　（排名不分先后）

　　　　王和平　邓　敏　樊成忠　王　尧　龙中江　鄢真真

　　　　贺顺龙　谢　坤　刘钰莹　陈　美　张志强

主　审　余朝宽

重庆大学出版社

内容提要

本书根据交通运输行业国家职业技能标准、汽车维修工国家职业技能鉴定标准编写而成,以职业能力培养为主线,旨在培养学生的动手操作能力和解决问题的能力。

本书内容共分五个项目,包括汽车维护基础、发动机的维护与保养、汽车底盘的维护、电气系统的维护与保养、汽车车身的维护。

本书注重以就业为导向,以能力为本位,面向市场、面向社会,体现了现代职业教育的特色,是一本集针对性与实用性于一体,具有鲜明特色的中职教材。

图书在版编目(CIP)数据

汽车维护与保养 / 黄成松,胡萍主编. --重庆:
重庆大学出版社,2022.9(2025.9 重印)
职业教育汽车类专业新形态教材
ISBN 978-7-5689-3096-3

Ⅰ.①汽⋯　Ⅱ.①黄⋯ ②胡⋯　Ⅲ.①汽车—车辆修理—中等专业学校—教材 ②汽车—车辆保养—中等专业学校—教材　Ⅳ.①U472

中国版本图书馆 CIP 数据核字(2021)第 259614 号

汽车维护与保养

主　编　黄成松　胡　萍
副主编　肖　芳　马艳婷　黄成金
策划编辑:陈一柳
责任编辑:谭　敏　　版式设计:陈一柳
责任校对:王　倩　　责任印制:赵　晟
*
重庆大学出版社出版发行
社址:重庆市沙坪坝区大学城西路 21 号
邮编:401331
电话:(023)88617190　88617185(中小学)
传真:(023)88617186　88617166
网址:http://www.cqup.com.cn
邮箱:fxk@cqup.com.cn(营销中心)
全国新华书店经销
重庆新生代彩印技术有限公司印刷
*
开本:787mm×1092mm　1/16　印张:13.25　字数:308千
2022 年 9 月第 1 版　　2025 年 9 月第 4 次印刷
ISBN 978-7-5689-3096-3　定价:38.00 元

本书根据交通运输行业国家职业技能标准、汽车维修工国家职业技能鉴定标准编写而成，以职业能力培养为主线，以就业为导向，以能力为本位，面向市场，面向社会，体现了现代职业教育的特色。

本书内容共分五个项目，包括汽车维护基础、发动机的维护与保养、汽车底盘的维护、电气系统的维护与保养、汽车车身的维护。本书旨在培养学生的动手操作能力和解决问题的能力，加强针对性与实用性，是一本具有鲜明特色的中职教材。

本书在编写过程中，认真总结了多年来汽车维修专业教学经验，注意吸收国内外先进的教学模式和方法。本书主要具有以下特色：

1.结合汽车运用与维修专业"1+X"证书内容，采用"任务驱动"的编写形式，打破了传统教材的章节体系，充分体现了对专项能力的培养。

2.每个项目都有明确的任务目标、操作指南，图文并茂，贴近生产实际，内容丰富、形式多样，有利于激发学生的学习兴趣。

3.突出学生动手能力的培养和训练，在培养技能的同时，注重学生素养的提升，强化思政教育、劳动教育和安全文明生产。

本系列书编写人员是长期从事中等职业学校汽车维修专业教学的教师以及汽车制造行业、汽车维修行业的专家，他们具有丰富的教学实践经验。本书由重庆市渝北职业教育中心黄成松、胡萍担任主编；重庆市渝北职业教育中心肖芳、马艳婷、黄成金担任副主编；重庆市渝北职业教育中心王和平、邓敏、樊成忠、王尧、龙中江、鄢真真、贺顺龙、谢坤、刘钰莹、陈美，重庆市九龙坡职业教育中心张志强参与编写。本书在编写过程中还得到了行业、企业、高校专家的大力支持与帮助，同时得到了汽车与装备制造专业集群内专业教师、思政课教师的大力支持和帮助，参考和采用了许多相关专业文献和专家的建议，在此一并表示感谢。

由于编者水平有限，书中不妥之处在所难免，恳请读者提出宝贵意见，以便再版时修订。

编　者

2021 年 5 月

CONTENTS 目 录

项目五　汽车车身的维护

参考文献

项目一 | 汽车维护基础

对汽车进行合理的维护能够保证汽车处于良好的工作状态,延长汽车的使用寿命,降低汽车的使用成本。汽车在维护中必须使用专门的维护设备。只有正确使用相应的设备才能较好地完成相应的维护作业,保证维护质量。

【学习目标】

(1)知道汽车维护的分类和维护的内容。

(2)知道汽车举升机的操作方法。

(3)知道常用工、量具的使用方法。

(4)知道汽车常用维护设备的操作方法。

(5)知道空调加注机的操作方法。

【学习任务】

(1)掌握汽车维护知识。

(2)能正确安全地操作举升机。

(3)能正确使用常用工、量具。

(4)能正确操作汽车常用维护设备。

(5)能正确操作空调加注机。

/任务 1.1/ 汽车维护知识

【相关知识】

一、汽车维护的类型

汽车维护分定期维护和非定期维护两种类型。定期维护分日常维护、一级维护和二级维护;非定期维护分为季节性维护和走合维护。季节性维护可结合定期维护进行。

1.日常维护

日常维护是日常性作业,由驾驶员负责完成。其主要内容是清洁、补给和安全检视。它是保持车辆正常工作状况的经常性、必需性的工作。

2.一级维护

一级维护由专业维修厂负责执行。其主要内容除日常维护工作外,以清洁、润滑、紧固为主,并检查有关制动、操纵等安全部件。坚持"三检",即出车前、行车中、收车后检视车辆的安全机构及各部件连接的紧固情况;保持"四清",即保持润滑油、空气滤清器、燃油滤清器和蓄电池的清洁;防止"四漏",即防止漏水、漏油、漏气、漏电等。

3.二级维护

二级维护由专业维修厂负责执行。其主要内容除一级维护所包括的工作外,以检查调整转向节、转向摇臂、制动蹄片、悬架等经过一定时间的使用容易磨损或变形的安全部件为主,并拆检轮胎,进行轮胎换位。

二、汽车维护的要点和实用价值

(一)汽车维护的要点

按照汽车维护的作业范围可将汽车维护分为汽车发动机的维护、汽车底盘的维护、汽车电气设备的维护、汽车车身的维护四个部分,常见的作业项目有洗车,检查轮胎表面和气压,检查机油液位、冷却液液位、制动液液位,更换机油和机油滤芯器等。

1.汽车发动机的维护要点

(1)使用适当等级的机油并定期更换机油和滤芯。

(2)经常保养空气滤清器并定期更换。

(3)定期清洗燃油系统并定期更换燃油滤芯。

(4)定期保养水箱散热网。

(5)定期更换火花塞。

2.汽车底盘的维护要点

(1)检查轮胎表面是否有异常磨损的现象,视情况决定是否做四轮定位。检查横拉杆、稳定杆、控制臂等的球头是否有松旷现象。

(2)检查制动液、液压动力转向液等是否在规定范围内。

(3)查看刹车片是否有磨损情况,如有,需要更换。

(4)检查减震器是否有漏油现象,减震器防尘套是否有损坏,减震器弹簧是否有变形、锈蚀等。

(5)检查底盘的各个橡胶衬套是否有损坏等。

3.汽车电气设备的维护要点

(1)车辆前照灯以及指示灯、示宽灯、左右转向灯以及指示灯、危险警告灯以及指示灯、制动灯(含高位制动灯)、尾灯、倒车灯等的检查。

(2)电动后视镜、车门玻璃升降器、组合仪表各指示灯以及背景灯亮度的调节功能、制冷系统、自动挡车辆的换挡指示灯等的检查。

（3）挡风玻璃清洗器、车辆内部阅读灯、车门开关指示灯等的检查。

（4）发电机、起动机、空调压缩机等的检查。

4.车身的维护要点

（1）汽车车身的冲洗。

（2）汽车车身漆面的打蜡和抛光。

（3）汽车车身的防锈等。

（二）汽车维护的实用价值

汽车由大量的零件构成,这些零件受车辆使用时间和条件的影响,会产生磨损、老化或腐蚀,从而降低其性能。汽车维护可评估出构成零件的性能降低程度,从而进行定期维护,通过调整和更换来保持其性能。

车辆通过定期维护可以达到如下效果。

（1）今后可能发生的许多故障都能得以避免。

（2）可使车辆保持在符合法律规章要求的状态。

（3）可延长车辆使用寿命。

（4）顾客可享受经济安全的驾车体验。

【技能训练】

训练　发动机机油液位的检查与补给

一、准备工作

1.材料、工具的准备

常用工具一套、发动机机油1桶(4 L)、抹布、漏斗。

2.事故预防措施

检查机油液位时,要小心,不要将机油洒落在发动机或其他部位,如有洒落应及时清洁。当液位低于最低要求时,应及时补给。

3.作业前的准备

（1）将汽车停放在水平地面上,如图1-1所示。

（2）安装车轮挡块,如图1-2所示。

（3）安装尾气排放装置,如图1-3所示。

（4）打开舱盖开关,打开发动机舱盖,如图1-4所示。

（5）安装车外三件套(翼子板布和前格栅布),如图1-5所示。

图 1-1　将汽车停放在水平地面上

图 1-2　安装车轮挡块

图 1-3　安装尾气排放装置

图 1-4　打开发动机舱盖

（6）安装车内三件套（转向盘套、座椅套、地板垫），变速器处于空挡，并拉起驻车制动，启动发动机进行预热，如图 1-6 所示。自动变速器 P 挡位为停车挡，停车后将换挡杆拨于该挡位才能取下车钥匙；R 挡位为倒车挡；N 挡位为空挡；D 挡位为高速挡；2 挡位为低速挡；L 挡位为爬坡挡。

（7）预热完毕后，关闭发动机。

图 1-5　安装车外三件套（翼子板布和前格栅布）

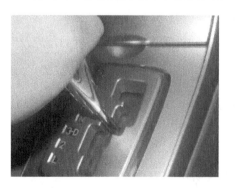

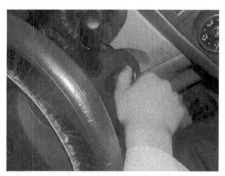

图 1-6　安装车内三件套（转向盘套、座椅套、地板垫）

二、执行操作

操作步骤	操作内容	图例
1	检查机油液位 1：拔出机油尺并用干净抹布擦干净。	
2	检查机油液位 2：将机油尺插入，再拔出机油尺检查机油液面高度。	
3	结果判断：正常机油液位应位于最高与最低刻度之间。若低于刻度线高度的一半则应补给机油，进行如下操作。	
4	机油的补给 1：拆卸机油加注口盖。	
5	机油的补给 2：按照规定量添加相应的机油（能少不多）。操作要点：加注机油时，油桶平放，一只手握手柄，另一只手托桶底，这样可以减少机油流动时的打磕现象。另外，在加注时要小心，不要让机油洒在发动机上，若机油不慎洒落应及时清理。	

续表

操作步骤	操作内容	图例
6	机油的补给3:安装机油加注口盖。	

三、检查工作质量

检查机油液位是否合适,若不合适,应进行进一步调整。

四、结束工作

(1)收起车外护布并清洁工具、车身。
(2)收起车内三件套并清洁恢复场地。

/任务 1.2 / 汽车举升机

【相关知识】

一、举升机的类型

目前车辆维护作业中常用的举升机主要有剪式举升机(图1-7)、两柱式举升机(图1-8)、四柱式举升机(图1-9)共三种类型。

图1-7　剪式举升机

图1-8　两柱式举升机

图1-9　四柱式举升机

二、举升机的正确使用方法

1.剪式举升机的正确使用方法

(1)打开举升机电源。

(2)打开空气压缩机电源并启动空气压缩机。

(3)检查举升机周围是否有障碍物。

(4)检查液压和气压,确保液压和气压值达到 3 MPa 以上。

(5)按下举升机的举升和下降按钮,检查举升机的工作情况。

(6)将车辆行驶到举升机上,使左右车轮位于举升机两个平台的中间位置。

(7)安装左、右后车轮挡块。

(8)安装左、右举升机胶垫,支撑位置要正确。

(9)按下举升按钮,举升车辆到车轮距离地面 15~20 cm 时停止举升,检查车辆的平稳性是否正常。

(10)按下举升按钮,举升车辆。举升到作业需要的位置时,停车、落锁。

(11)进行相应的检查操作,如检查车底螺栓。

(12)待作业完成后,下降车辆。

(13)取下左、右侧车轮挡块和垫块,并复位。

(14)将车辆开出举升机。

(15)关闭举升机和空气压缩机电源,清洁工具并复位,整理恢复场地。

2.两柱式举升机的正确使用方法

(1)打开举升机电源。

(2)检查举升机周围是否有障碍物。

(3)检查举升机的工作情况。

(4)将左、右侧两支撑臂张开。

(5)将车开进举升机两柱中间。

(6)安装左、右侧车轮挡块。

(7)放松驻车制动,将换挡杆置于空挡。

(8)安装左、右两侧举升胶垫,注意安装位置,落下举升臂保险锁。

(9)操作举升机上升按钮,将车辆举到距离地面 20 cm 处,检查车辆的平稳性;然后举升车辆至适合作业的位置停止举升,并下压下降手柄,使左右两侧举升臂挂在保险上。

(10)进行车辆相应的检查或维护作业。

(11)作业完成后,将车辆举升到一定位置,拉下左右侧下降保险。

(12)操作举升机下降手柄,当举升机的举升胶垫脱离举升点的位置时,停止下降。

(13)拉紧驻车制动器。

(14)向上拉起举升臂保险锁,移开左右两侧支撑臂并复位。

（15）收起左、右两侧车轮挡块并放好。

（16）关闭举升机的电源开关。

三、举升机的安全操作注意事项

（1）使用前应清除举升机附近妨碍作业的器具及杂物，并检查操作手柄是否正常。

（2）操作机构灵敏有效，液压系统不允许有爬行、漏油现象。

（3）举升车辆时，举升臂的四个胶垫应在同一平面上，调整支角胶垫高度，使其接触车辆的举升支点。

（4）举升车辆时，车辆不可举升得过高，举升后四个托架要挂上保险。

（5）待举升车辆驶入后，应将举升机支撑块调整移动对正该车型规定的举升点。

（6）举升时，维修人员应离开车辆；举升到需要高度时，必须挂上保险，并确保安全可靠后才可以到车底作业。

（7）除底保及小修项目外，其他烦琐笨重作业，不得在举升器上操作修理。

（8）举升器不得频繁起落。

（9）支车时举升要稳，降落要慢。

（10）有人作业时严禁升降举升机。

（11）发现举升机操作机构不灵、电机不同步、托架不平或液压系统漏油，应及时报修。

（12）作业完毕应清除杂物，打扫举升机周围以保持场地整洁。

（13）定期（半年）排除举升机油缸积水，并检查油量，油量不足应及时加注相同牌号的压力油。同时应检查润滑、举升机传动链条以及钢丝绳。

【技能训练】

训练 1　剪式举升机的使用

一、准备工作

1.工具、量具、设备的准备

剪式举升机、实训车、车轮挡块、常用工具一套。

2.事故预防措施

剪式举升机的驱动系统由液压、气压和机械三部分组成，在举升到合适位置后，一定要进行机械落锁，保证操作的安全性。

3.作业前的准备

（1）打开举升机电源，如图 1-10 所示；打开空气压缩机电源，如图 1-11 所示，并启动空气压缩机。

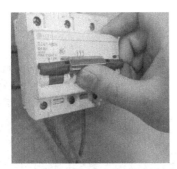

图 1-10　举升机电源

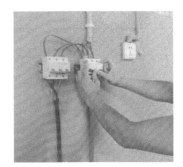

图 1-11　空气压缩机电源

（2）清理举升机周围杂物，如图 1-12 所示。

（3）检查液压和气压是否正常，如图 1-13 所示。

图 1-12　清理杂物

图 1-13　检查液压和气压

二、执行操作

操作步骤	操作内容	图例
1	操作举升机开关按钮，检查举升机的工作情况是否正常。	
2	将车开到举升机上，使左右车轮位于两个平台中间位置。	

续表

操作步骤	操作内容	图例
3	安装左、右后车轮挡块。	
4	安装左、右侧举升机垫块,支撑位置要正确,不要放在塑料护板处,以防损坏护板。	
5	操作举升机,按下举升按钮,举升车辆,当车轮离开地面约20 cm时停车;检查车辆相对于举升机是否出现偏重现象,若有,必须重新支撑车辆。	
6	按下举升按钮,举升车辆。举升到适合作业的位置,停车、落锁。	
7	可以进行相应的检查操作,如检查车底螺栓橡胶护套。	

续表

操作步骤	操作内容	图例
8	作业完成后,下降车辆,直到举升机完全落下。	
9	取下两侧车轮挡块和垫块,并归位。	
10	将车开出举升机。	

三、结束工作

(1)清洁工具、量具与设备并归位。

(2)清洁并恢复场地。

(3)关闭举升机和空气压缩机电源。

训练2 两柱举升机的使用

一、准备工作

1.材料、工具、设备的准备

两柱举升机、实训车、车轮挡块。

2.事故预防措施

两柱举升机的驱动系统由液压、气压和机械三部分组成,在举升到合适位置后,一定要进行机械落锁,保证操作的安全性。

3.作业前的准备

(1)打开举升机电源,如图1-14所示;打开空气压缩机电源,如图1-15所示,并启动空气压缩机。

图1-14 举升机电源 　　　　图1-15 空气压缩机电源

11

（2）清理举升机周围杂物，如图1-16所示。

（3）检查液压和气压是否正常，如图1-17所示。

图1-16　清理杂物

图1-17　检查液压和气压

二、执行操作

操作步骤	操作内容	图例
1	操作举升机开关按钮，检查举升机的工作情况，能否正常举升、降落。	
2	准备作业需要的工具。	
3	将实训车开到两柱举升机中间位置。	

续表

操作步骤	操作内容	图例
4	安装左、右后车轮挡块。	
5	调整左右两侧支撑臂,正确支撑车辆,不要放在塑料护板处,以防损坏护板。	
6	操作举升机,按下举升按钮,举升车辆,当车轮离开地面约 20 cm 时,检查车辆相对于举升机是否出现偏重现象,若有,必须重新支撑车辆。然后,将车举升到适合作业的位置,停车、落锁。	
7	可以进行相应的检查操作,如检查制动软管及防尘护套。	
8	作业完成后,拉下左右两侧下降保险。	

续表

操作步骤	操作内容	图例
9	操作下降手柄,下降车辆,直到举升机完全落下。	
10	拉起保险锁,拆下左侧支撑臂,并归位。	
11	取下两侧车轮挡块,并归位。	
12	将车开出举升机。	

三、结束工作

(1)清洁工具、设备并归位。

(2)清洁并恢复场地。

(3)关闭举升机和空气压缩机电源。

/任务 1.3 / 工、量具的使用

【相关知识】

一、常用扳手

汽车维修过程中,常用的扳手除有开口扳手、梅花扳手、套筒扳手外,还经常使用扭力扳手及专用扳手。

1.梅花扳手

（1）梅花扳手的特点以及规格。

梅花扳手又称环型扳手,如图1-18所示。梅花扳手两端呈花环状,其内孔由两个正六边形相互同心错开30°而成。很多梅花扳手都有弯头,常见的弯头角度为10°~45°,从侧面看旋转螺栓部分和手柄部分是错开的。这种结构便于拆卸装配在凹陷空间的螺栓、螺母,并可为手指提供操作间隙,以防擦伤。用在补充拧紧和类似操作中,可以使用梅花扳手对螺栓或螺母施加大扭矩。梅花扳手有各种大小,使用时要选择与螺栓或螺母大小对应的扳手。因为扳手钳口是双六角形的,装配螺

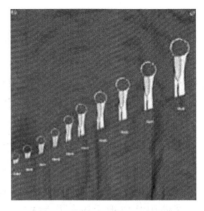

图1-18　梅花扳手

栓、螺母比较容易。这可以在一个有限空间内重新安装。梅花扳手的类型有带棘轮的梅花扳手、带开口的梅花扳手、双头梅花扳手等。常用的规格有 8 ~ 10 mm、14 ~ 17 mm、17 ~ 19 mm、19 ~ 22 mm、22 ~ 24 mm 等。

（2）梅花扳手的使用方法。

在使用梅花扳手时,左手握住梅花扳手与螺栓连接处,保持梅花扳手与螺栓完全配合,防止滑脱,右手握住梅花扳手另一端并加力。梅花扳手可将螺栓、螺母的头部全部围住,因此不会损坏螺栓角,可以施加大力矩。

（3）梅花扳手的使用注意事项。

①不要使用已损坏或带有裂纹的梅花扳手,否则会伤害使用者。

②六边形的梅花扳手比十二边形的梅花扳手更具有防滑性。

③梅花扳手的选用要与螺栓或螺母的尺寸相适应。

④将螺栓或螺母套牢固后才能用力扳动,否则会损坏螺栓或螺母。

⑤不能用管子套在扳手上以增加扳手的长度来拧紧,这样会损坏扳手或螺栓和螺母。

2.开口扳手

（1）开口扳手的特点以及规格。

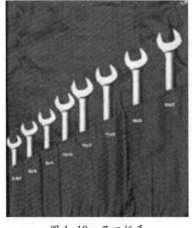

图1-19　开口扳手

开口扳手又称呆扳手,如图1-19所示,是一种最常见的扳手。一般开口扳手的两端都有开口,也有一端有开口的。其多用于拧紧或松动标准规格的螺栓和螺母,可以上下套入或横向插入,使用方便,不可以用来拧紧力矩较大的螺栓或螺母。其开口的中心平面和本体中心平面成15°角,这样既能适应人手的操作方向,又可降低对操作空间的要求。其规格是以两端开口的宽度 S(mm) 来表示的,常用的规格有 8 ~ 10 mm、14 ~ 17 mm、17 ~ 19 mm、19 ~ 22 mm、22 ~ 24 mm 等。通常是成套装备,有 8 件一套、10 件一套等,通常用 45、50 钢锻造,并经热处理。

（2）开口扳手的使用方法。

使用时,先用开口扳手套住螺栓或螺母六角的两个对向面,确保扳手与螺栓完全配合后才能施加力矩。施加力矩时,一只手抓住开口扳手与螺栓连接处,并确保扳手与螺栓完全配合后,另一只手的大拇指抵住扳手的头部,另外四个手指握紧扳手手柄往身边拉。当螺栓、螺母被扳手转到极限位置后,将扳手取出并重复前面的过程。

（3）开口扳手的使用注意事项。

①开口扳手只能在一个有限的空间里扳动螺栓或螺母,在螺栓或螺母被扳动到极限位置后,再将扳手取出重复原先的过程。

②扳动扳手的方向应朝附钳口方向。

③使用开口扳手进行最后拧紧时,加在扳手上的力不能太大,否则会导致螺纹滑丝。

④扳手应完整地夹在螺栓上,增大接触面积。

⑤只能选用与螺栓或螺母对边距尺寸相同的扳手。

⑥如果扳手规格尺寸选大了,会损坏螺栓或螺母。

⑦错误使用扳手会使扳手或螺栓、螺母损坏。

3.套筒扳手

（1）套筒扳手的特点及规格。

当螺母或螺栓头的空间位置有限,用普通扳手不能工作时,就需采用套筒扳手。套筒扳手一般称为套筒,如图 1-20 所示。它由多个带六角孔或十二角孔的套筒及手柄、接杆等多种附件组成,特别适用于拧转位置十分狭小或凹陷很深处的螺栓或螺母。套筒有公制和英制之分,套筒虽然内凹形状一样,但外径、长短等是针对对应设备的形状和尺寸设计的,国家没有统一规定。套筒扳手一般附有一套各种规格的套筒头以及摆手柄、接杆、万向接头、旋具接头、弯头手柄等用来套入六角螺帽。套筒扳手的套筒头是一个凹六角形的圆筒;扳手通常由碳素结构钢或合金结构钢制成,扳手头部具有规定的硬度,中间及手柄部分则具有弹性。常用套筒扳手的规格是 10~32 mm。

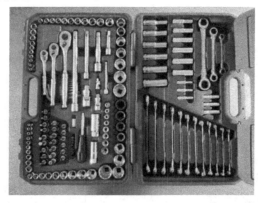

图 1-20 套筒扳手

（2）套筒扳手的使用方法。

①根据被扭件选规格,将扳手头套在被扭件上。

②根据被扭件所在位置大小选择合适的手柄。

③扭动前必须把手柄接头安装稳定才能用力,防止打滑脱落伤人。

④扭动手柄时用力要平稳,用力方向与补扭件的中心轴线垂直。

(3)套筒扳手的使用注意事项。

①使用时应佩戴手套。

②一般优先选用套筒扳手,其次为梅花扳手,再次为开口扳手,最后选用活动扳手。

③所选用的套筒尺寸必须与螺栓或螺母的尺寸相符。选择的型号不符合要求,容易滑脱伤手,并损伤螺栓或螺母的六个角(又称"圆角")。

④要注意随时清除套筒内的尘垢和油污,以防止滑脱。

二、专用扳手

1.扭力扳手

扭力扳手是一种与套筒扳手中的套筒配合使用,能显示扭矩大小的专用工具。扭矩的国际单位是 N·m,汽车维修中常用扭力扳手的规格是 0~300 N·m。扭力扳手分为指针式扭力扳手、预置式扭力扳手等。

(1)指针式扭力扳手如图 1-21 所示。

图 1-21　指针式扭力扳手

指针式扭力扳手的正确使用方法以及注意事项。

使用指针式扭力扳手时,应注意左手握在扳手与套筒连接处,不要碰到指针杆,否则会造成读数不准。一手按住套筒一端,另一手平稳地拉动扭力扳手的手柄,并观察扭力扳手指针指示的扭矩数值。切忌在过载的情况下使用扭力扳手,以免读数失准或扳手损坏;用后应将扭力扳手平稳放置,避免重物撞、压造成扳杆或扳手指针变形而影响其测量精度,甚至损坏扳手。

(2)预置式扭力扳手如图 1-22 所示。

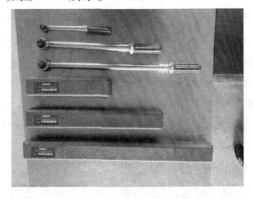

图 1-22　预置式扭力扳手

①预置式扭力扳手的正确使用方法。

根据螺母或螺栓所需要的扭矩值要求,确定预设扭矩值。在预设扭矩值时,将扳手手柄上的锁定环下拉或顺时针旋转,同时转动手柄,调节标尺主刻度线和微分刻度线数值至所需扭矩值,调好后,松开或逆时针转动锁定环将手柄锁定。在扳手上方的方头上装上相应型号的套筒,并套住螺栓或螺母,再在手柄上缓慢用力。当拧紧过程中,扭力扳手发出"咔嗒"的声音,说明螺栓或螺母已经达到预设扭矩值,此时停止加力,一次作业完毕。

②预置式扭力扳手的注意事项。

a.不能使用预置式扭力扳手去拆卸螺栓或螺母。

b.严禁在扭力扳手尾端加接套管延长力臂,以防损坏扭力扳手。

c.根据需要调节所需的扭矩值,并确认调节机构处于锁定状态才可使用。

d.扭力扳手使用完毕后,应将其调至最小扭矩,使测力弹簧充分放松,以延长使用寿命。

e.应避免水分浸入预置式扭力扳手,以防止内部零件锈蚀。

2.机油滤清器扳手

常见的一次性机油滤清器的顶部被冲压成多棱面(就像一个大螺母),如要拆装需选用专用机油滤清器扳手。常见的机油滤清器扳手有:杯式、环形、三爪式等。

(1)杯式滤清器扳手如图1-23所示。

图1-23　杯式滤清器扳手

这种滤清器扳手类似于一个大型的套筒,拆卸不同车型的滤清器所需的不同尺寸的扳手,在购买时多以套装形式配装。在使用时,将杯式机油滤清器扳手套在机油滤清器顶部的多棱面上,使用方法与套筒扳手相似。

(2)环形滤清器扳手如图1-24所示。

它的结构为一个可调大小的环,环内侧设计为锯齿形。使用时将其套在机油滤清器顶部的多棱面上扳动手柄,扳手的环会根据滤清器大小合适地卡在棱面上,顺利地完成拆装工作。

(3)三爪式滤清器扳手如图1-25所示。

它需要配套套筒手柄或扳手使用,其内部设计有行星排传递机构,可根据机油滤清器大小自动调节三爪的尺寸大小。

图 1-24　环形滤清器扳手

图 1-25　三爪式滤清器扳手

3.风动套筒扳手

风动套筒扳手如图 1-26 所示,专门配套气动冲击扳手使用,如使用普通套筒,气动冲击扳手在工作时,会产生瞬间强力冲击,可能会损坏套筒。风动专用套筒使用特殊风动套筒扳手铬钢合金制造,并且在制造工艺上加大壁厚,降低强度,增强韧性,使其能适应恶劣的工作环境。气动冲击扳手的方榫部设计有 O 形锁圈,用来防止套筒在工作时从气动扳手上甩出。

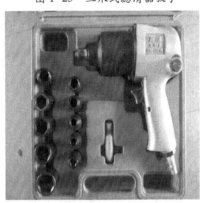

图 1-26　风动套筒扳手

三、常用量具

1.游标卡尺

游标卡尺如图 1-27 所示,是一种能直接测量工件直径、宽度、长度或深度的量具。游标卡尺按照测量功能可以分为普通游标卡尺和深度游标卡尺;按照测量精度可以分为0.10 mm、0.20 mm、0.05 mm、0.02 mm 等精度的游标卡尺。目前常用的游标卡尺,其测量精度为 0.02 mm。

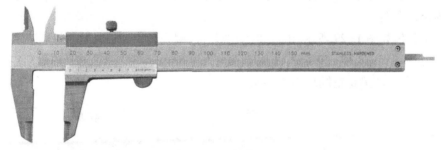

图 1-27　游标卡尺

(1)使用方法以及使用注意事项。

①使用前,先将工件被测表面和卡钳接触表面擦干净,并检查游标卡尺的误差值。

②测量工件外径时,将活动卡钳向外移动,使两卡钳间距大于工件外径,然后再慢慢地移动副尺,使两卡钳与工件接触。使用中,切忌硬卡硬拉,以免影响游标卡尺的精度和读数的准确性。

③测量工件内径时,将活动卡钳向内移动,使两卡钳间距小于工件内径,然后再缓慢地向外移动副尺,使两卡钳与工件接触。

④测量工件的内径和外径时,应使游标卡尺与工件垂直。测外径时,记下最小尺寸;测内径时,记下最大尺寸。

⑤用深度游标卡尺测量工件深度时,将固定卡钳与工件被测表面平整接触,然后缓慢地移动副尺,使卡钳与工件接触。测量时用力不宜过大,以免硬压游标而影响测量精度和读数的准确性。

⑥测量完毕,应将游标卡尺擦拭干净,并涂一层薄薄的工业凡士林,放入卡尺盒内,切忌弯折、重压。

(2)读数方法如图 1-28 所示。

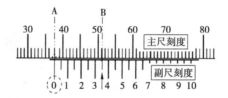

图 1-28 游标卡尺的读数方法

①读出副尺零刻度线所指示主尺上左边刻度线的毫米整数。

②观察副尺上零刻度线右边第几条刻度线与主尺某一刻度线对准,将游标精度乘以副尺上的格数,即为毫米小数值。

③将主尺上整数和副尺上的小数值相加,即得被测工件的尺寸。

2.千分尺

(1)分类与结构。

千分尺又称螺旋测微器、分厘卡尺,是一种用于测量加工精度要求较高的精密量具,其测量精度比游标卡尺高,且比较灵敏,测量精度可达到 0.01 mm。千分尺一般分为外径千分尺、内径千分尺、杠杆千分尺、深度千分尺、壁厚千分尺、公法线千分尺等。本节主要以外径千分尺为例作介绍。

外径千分尺如图 1-29 所示,由尺架、测微装置、测力装置和锁紧装置等组成。按照测量范围可分为 0~25 mm、25~50 mm、50~75 mm、75~100 mm 和 100~125 mm 等多种不同规格,但每种千分尺的测量范围均为 25 mm。

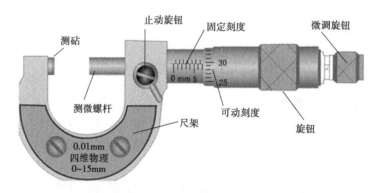

图 1-29 外径千分尺

(2)使用方法以及使用注意事项。

①把千分尺砧端表面擦拭干净。

②旋转棘轮盘,使两个砧端夹住标准量规,直到棘轮发出 2~3 响"咔咔"声,这时检查指示值。

③活动套筒前端应与固定套筒的"零"线对齐。

④活动套筒的"零"线与固定套筒的基线应对齐。

⑤若两者中有一个"零"线不能对齐,则该千分尺有误差,应检查调整后才能用于测量。

⑥将工件被测表面擦拭干净,并置于千分尺两砧端之间,使千分尺螺杆轴线与工件中心线垂直或平行。若歪斜着测量,则直接影响测量的准确性。

⑦旋转旋钮,使砧端与工件测量表面接近,这时改用旋转棘轮盘,直到棘轮发出"咔咔"声为止,这时的指示数值就是所测量的工件尺寸。

⑧使用完毕,应将千分尺擦拭干净,保持清洁,并涂抹一层薄薄的工业凡士林,然后放入盒内保存。禁止重压、弯曲千分尺,且两砧端不得接触,以免影响千分尺精度。

（3）读数方法如图 1-30 所示。

①从固定套筒上露出的刻度线读出工件的毫米整数和半毫米整数。

②从活动套筒上由固定套筒纵向线所对准的刻度线读出工件的小数部分(百分之几毫米)。不足一格数(千分之几毫),可用估算读法确定。

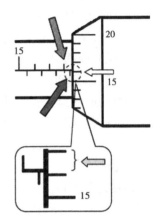

图 1-30 外径千分尺的读数方法

③将两次读数相加,所得结果就是工件的测量尺寸。

3.百分表

（1）用途与特点。

百分表如图 1-31 所示,是一种比较性测量仪器,主要用于测量工件的尺寸误差和形位误差以及配合间隙等,其测量精度为 0.01 mm。

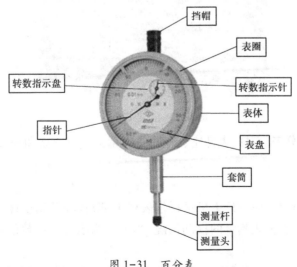

图 1-31 百分表

21

（2）读数方法。

百分表的表盘刻度一般分为 100 格，当量头每移动 0.01 mm 时，大指针就偏转 1 格（表示 0.01 mm）；当大指针旋转 1 圈时，小指针偏转 1 格（表示 1 mm）。指针的偏转量就是被测零件（工件）的实际偏差或间隙值。

（3）使用方法及注意事项。

1）使用方法。

①先将百分表固定在表架（支架）上，以测杆端量头抵住被测工件表面与被测工件表面垂直，并使量头产生一定的位移，即指针存在一个预偏转值。

②移动被测工件或百分表支架座，观察百分表盘上指针的偏转量，该偏转量即是被测物体的偏差尺寸或间隙值。

2）使用注意事项。

①测杆轴线应与被测工件表面垂直，否则，会影响测量精度。

②百分表使用完毕，应卸除所有的负荷，用干净软布将表面擦拭干净，并在金属表面涂抹一薄层工业凡士林，将百分表水平地放至盒内，严禁重压。

4.内径百分表

（1）用途与构造。

内径百分表又称量缸表，如图 1-32 所示，是以百分表为读数机构，配备杠杆传动系统或楔形传动系统的杆部组合而成的仪表。它是一种比较性测量仪器，在汽车维修中主要用于测量发动机气缸和轴承座孔的圆度误差、圆柱度误差或零件磨损情况，其测量精度为 0.01 mm。

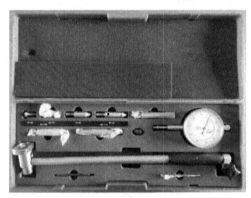

图 1-32　内径百分表

内径百分表由百分表、表杆、表杆座、活动测杆（量头）、支撑架和一套长度不等的接杆等组成。

（2）使用方法。

①一只手拿住绝热套，另一只手尽量托住表杆下部，轻轻摆动表杆，使内径百分表测杆与气缸轴线垂直（观察百分表指针的摆动情况，当表针指示到最小数值时，即表示测杆垂直于气缸轴线）。

②内径百分表读数方法与百分表相同，读出百分表头指示数值即可。

③确定工件尺寸。

如果百分表头的大指针正好指在"0"位，说明被测工件的孔径（缸径）与其校表尺寸相等，若以标准尺寸进行校表，则表示工件尺寸与标准尺寸相同。如果百分表头大指针顺时针方向转离"0"位，则表示工件尺寸小于标准尺寸；反之则表示其大于标准尺寸。通过对不同测量点的测量结果，计算出圆度误差、圆柱度误差或工件的磨损情况。

5.其他常用量具的简单介绍

（1）气缸压力表，如图1-33所示。

图1-33　气缸压力表

气缸压力表是一种专门用于检查气缸内气体压力大小的量具。其主要组成部件是压力表，按测量范围和用途分为汽油机压力表（0~1.4 MPa）和柴油机压力表（0~1.4 MPa）两种，是诊断发动机是否需要大、中修的仪表之一。气缸压力表使用方法如下：

①启动发动机并运转到正常工作温度，旋下汽油机火花塞或柴油机喷油器。

②汽油发动机必须将节气门和阻风门完全打开，把气缸压力表的锥形橡胶圈压紧在火花塞座孔上。

③柴油发动机必须采用螺纹接口式气缸压力表，将气缸压力表螺纹接口旋入喷油器座孔内。

④用起动机带动曲轴旋转3~5 s，使发动机转速保持在150~180 r/min（汽油机）或500 r/min（柴油机），这时气缸压力表所指示的压力值就是该气缸的气缸压力。

⑤按下气缸压力表上的放气阀，则压力表指针回零。

⑥在实际测量气缸压力时，每个气缸应重复测量2~3次。

（2）燃油压力表，如图1-34所示。

将燃油压力表用三通接头接在燃油压力调节器和喷油嘴之间的管路上进行测量，由测得值可以判断电动汽油泵、油压调节器等燃烧系统元件的工作情况。

（3）轮胎气压表，如图1-35所示。

轮胎气压表是专门用于测定轮胎气压的量具，常用的形式有标杆式和指针式两种。其使用方法如下：

①将轮胎气压表测量端槽口与轮胎气门嘴对正压紧。

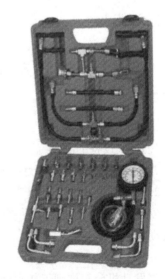

图1-34　燃油压力表

图1-35 轮胎气压表

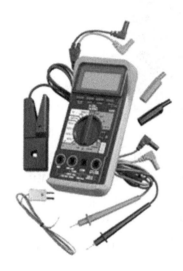

图1-36 汽车万用表

这时轮胎气压表指针发生偏转,其指示值即为该轮胎的充气压力;或者轮胎气压表标杆在气压作用下被推出,这时标杆上所显示的数值即为该轮胎的充气压力。

②测量完毕,应仔细检查轮胎气门芯是否有漏气,若有漏气,应予以排除。

(4)汽车万用表如图1-36所示。

关闭点火开关及所有用电设备,将万用表旋至直流电压挡位,红表笔和黑表笔短接检查万用表的误差值,万用表显示为0 V,若显示误差数值,在计算测量结果时应该用测量值减去误差值。测量时红表笔接蓄电池正极(+标记),黑表笔接蓄电池负极(-标记),表笔不能接触车辆的其他导电部位,手指不能接触表笔的金属部位。

【技能训练】

训练1 常用工具的使用——气门室盖的拆装

一、准备工作

1.工具、设备的准备

常用工具一套、开口扳手、梅花扳手、套筒扳手、扭力扳手、实训发动机一台。

2.事故预防措施

安装螺栓时,一定要用手将螺栓拧上,然后再正确使用工具将其拧紧;按照正确的顺序对发动机气门室盖进行拆装。

3.作业前的准备

将发动机台架推到工作台前,固定台架底部万向轮,防止在作业时台架转动。打开工具箱,检查工具是否齐全。

二、执行操作

操作步骤	操作内容	图例
1	开口扳手的使用:拧松。 操作要点:选择大小合适的扳手,开口扳手的大头是受力面。	
2	梅花扳手的使用:拧松。 操作要点:选择大小合适的扳手。	
3	套筒扳手的使用:拧松。 操作要点:注意棘轮扳手的正反转调整。	
4	选择合适的工具,按照从两边到中间的顺序将气门室盖固定螺栓拧松。	
5	拆下气门室盖。	

续表

操作步骤	操作内容	图例
6	安装气门室盖,找准定位销的位置。	
7	安装气门室盖螺栓,并进行预紧。 开口扳手的使用:开口扳手的大头为受力面。	
8	调整指针式扭力扳手到规定力矩7 N·m。	
9	按照由中间到四周的顺序,紧固气门室盖螺栓。操作要点:预制式扭力扳手使用时,应该避免受到冲击,紧固时应用力平稳,听到"咔咔"声就不要再用力,以免损坏工具。	

三、结束工作

(1)清洁工具、设备并归位。

(2)清洁并恢复场地。

训练 2　内径百分表的使用——气缸的测量

一、准备工作

1.量具、设备的准备

内径百分表、游标卡尺、千分尺、发动机缸体、台虎钳、抹布。

2.事故预防措施

正确使用量具,对发动机气缸筒的直径进行测量。量具摆放整齐有序,避免出现量具掉地现象。

3.作业前的准备

(1)将发动机缸体放在工作台上,用木块将缸体垫起;检查量具是否齐全。

(2)用抹布清洁气缸,如图1-37所示。

图1-37　清洁气缸

二、执行操作

操作步骤	操作内容	图例
1	用游标卡尺测量气缸直径。 操作要点: (1)测量前清洁游标卡尺,并检查游标卡尺是否在零位,若不在应记下误差值。 (2)读数时,要保证视线与尺面垂直,确保读数的准确性。	
2	矫正千分尺。 操作要点:清洁标准测杆及千分尺,将千分尺固定在台虎钳上,安装测杆,检查千分尺是否有误差,若有误差,应用钥匙转动微分筒进行矫正。	

续表

操作步骤	操作内容	图例
3	组装量缸表。 操作要点: (1)根据气缸直径选择测杆长度和垫片的厚度。然后组装测杆,并紧固。 (2)安装百分表。安装时,使百分表具备 2 mm 的压缩量。	
4	矫正量缸表。操作要点:(1)调整千分尺到缸径尺寸。(2)将测杆一端放在千分尺内,确保测杆处于千分尺的中间部位,转动百分表表盘,使百分表指针处于零线位置。	
5	测量气缸直径。操作要点:(1)将量缸表的导向端先放入气缸内,然后测杆端再进入,保证测杆与缸体上表面平行,左右摆动量缸表,找出最小距离,读取百分表上的偏摆量并记录。(2)读数时,视线要与百分表面垂直。	
6	测量。按照要求测量每个气缸的上、中、下三个截面,测量每个截面横向和纵向两个方向的尺寸。最后,计算气缸筒的圆度和圆柱度。	

三、结束工作

(1)清洁量具、设备并归位。

(2)清洁并恢复场地。

训练 3　用百分表测量制动盘跳动量

一、准备工作

1.工具、量具、设备的准备

百分表,实训车,常用工、量具一套。

2.事故预防措施

安装磁力表座时,确保磁力开关打开;安装百分表时,一定要检查是否固定可靠,防止操作中百分表松动掉地。

3.作业前的准备

(1)作业前应拆卸车轮,如图1-38所示。

图1-38 拆卸车轮

(2)拧松制动卡钳下固定螺栓,如图1-39所示,取下制动卡钳,并用挂钩挂起,如图1-40所示。

图1-39 拆卸制动卡钳

图1-40 挂起制动卡钳

(3)取出制动盘摩擦片,如图1-41所示。

(4)临时安装车螺母,并按照规定力矩拧紧,确保制动盘处于完全结合状态,保证测量的准确性,如图1-42所示。

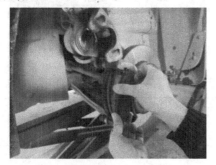

图1-41 取出制动盘摩擦片

图1-42 临时安装车螺母

二、执行操作

操作步骤	操作内容	图例
1	清洁制动盘。 操作要点:使用干净抹布清洁制动盘表面,切忌用带有油污的布进行此操作。	
2	调整游标卡尺的读数为 13 mm。 操作要点:清洁游标卡尺后,调整副尺上的零线对准主尺上 13 mm 的刻度。	
3	借助游标卡尺(高度尺)在距制动盘边缘 13 mm 处做标记。	

操作步骤	操作内容	图例
4	组装磁力表座并安装。 操作要点:表座在减震器上固定牢。	
5	调整角度,安装百分表,保证百分表测杆与制动盘平面垂直,并作用在标记范围内;调整完毕后,清洁标记。	
6	调整百分表,具有 2 mm 的压缩量,同时转动表盘使指针对准 0 刻度线。	
7	转动制动盘一周,观察百分表指针的摆动量,零线左右的数值相加即为制动盘的跳动量数值。	
8	拆下百分表,取下磁力表座。	

续表

操作步骤	操作内容	图例
9	拆卸临时安装的车螺母。	
10	安装制动盘摩擦片。	
11	安装制动卡钳,取下挂钩。	
12	安装制动卡钳下固定螺栓,并按规定力矩拧紧。	

续表

操作步骤	操作内容	图例
13	安装车轮,安装车轮螺栓,并预紧。	
14	按照规定力矩,紧固车轮螺栓。	

三、检查工作质量

检查制动盘的安装情况;检查车轮的安装情况。

四、结束工作

(1)清洁工具、量具、设备并归位。

(2)清扫、整理场地。

/任务 1.4 / 汽车常用维护设备

【相关知识】

一、发动机润滑系统免拆清洗机

发动机润滑系统免拆清洗机如图 1-43 所示。它以压力脉冲的形式,把专用清洗液从机油滤清器接口接入,从油底壳放油口抽回,通过反充式体外循环,达到清洗发动机润滑系统的目的,从而实现发动机润滑系统的免拆清洗。

二、发动机冷却系统免拆清洗机

发动机冷却系统免拆清洗机如图 1-44 所示。

(1)选择适用的三通接头,固定于汽车冷却回路暖风水管上。

(2)打开清洗机清洗液桶,添加清洗液。

(3)将自来水接入清洗机入口。

(4)将出水管连接于车上三通接头。

(5)接上气压快速接头。

(6)插上电源。

(7)将三通开关转至冲水位置。

(8)打开自来水开关进水。

(9)冲洗干净后关掉自来水,打开气源将残留管内的水冲出,直到管内没有水垢,再关掉气源。

(10)将三通开关转至添加位置,打开电源即开始添加冷却液。

图 1-43　发动机润滑系统
免拆清洗机

(11)工作完成后将三通接头固定盖完全锁紧,启动发动机检查散热器冷却液液位。

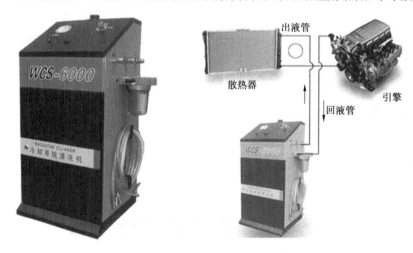

图 1-44　发动机冷却系统免拆清洗机

三、发动机燃油系统免拆清洗机

发动机燃油系统免拆清洗机如图 1-45 所示。

(1)打开油箱盖,取出滤网筒,用软管抽出油箱内的大部分燃油,留下 10~15 cm 深的燃油,并加入 80 mL 乙醇汽油更换清洗剂,装上滤网筒并盖上油箱盖。拆开发动机进、回油管,将发动机进油管和回油管与免拆清洗机进油管和回油管相连接,并用专用接口连接进油管和回油管形成回路。

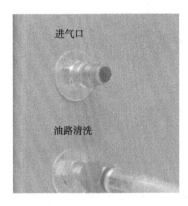

图 1-45 发动机燃油系统免拆清洗机

（2）按免拆清洗机储油罐的刻度或发动机缸数（每缸 100 mL 汽油），将汽油加入清洗剂储油罐中，并加入 100 mL 乙醇汽油更换清洗剂。根据车型调整压力，汽油汽车调整适当压力即可，电喷车调整 2~3 个压力。

（3）启动发动机，检查进、回油管是否漏油，怠速下清洗 15~20 min，每 3~5 min 加大一次油门，使清洗的积碳和水分从排气管排出。拆开免拆清洗机与发动机进、回油管，恢复汽车油路，发动汽车检查油管是否漏油。

四、扒胎机

扒胎机如图 1-46 所示。

（1）开启胎唇。

（2）扳动锁紧杆，松开垂直立杆。

（3）将轮胎锁紧在转盘上。

（4）按下垂直立杆，使拆装头靠近轮辋边缘，并用锁紧杆锁紧垂直立杆，此时机头自动提升 3 mm 左右，如没有提升，可调整悬臂定位螺栓，使机头滚动与钢圈外缘隔离 5~7 mm。

（5）首先用毛刷在胎唇与钢圈拆装机头处涂上润滑液或肥皂水，再用撬杠将胎缘撬在拆装机头，点踩踏板，让转盘顺时针旋转，直到胎缘脱落为止。

（6）重复上述步骤，拆卸另一边胎缘。

五、轮胎动平衡机

轮胎动平衡机如图 1-47 所示。

（1）轮胎动平衡机开机前，必须检查底座及固定螺母是否锁紧，以防运转时轮胎脱出。

（2）安装车轮前，应清理轮胎花纹中嵌入的石子或其他异物，防止运转时飞出伤人。

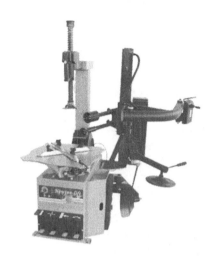

图 1-46　扒胎机

图 1-47　轮胎动平衡机

（3）安装车轮时，首先将弹簧和选择好的与被平衡车轮钢圈孔相对的锥体装到匹配器上，再将车轮装到锥体上，装好后盖，然后用快速螺母锁紧。

（4）操作时，严格按规定程序进行操作，一定要注意保护匹配器及轴部。

（5）用卡规测量钢圈到机箱的距离，旋转对立的旋钮，使之对应于测量值。

（6）打开机箱前右上方的电源开关，当显示板显示"GB-10"后，可按下"START"键，此时平衡采样开始，传动部分带动车轮旋转，自动停稳后，其结果显示在显示板上。

（7）用手缓慢转动车轮，其不平衡位置字符"∧"或"∨"会移动，如测量显示出现"点阵符"，同时会听到制动的声音，即停止转动车轮，这时垂直于轴线上方的外侧钢圈位置，即是外侧应配重的位置；同样方法找出左侧对应的配重位置，先在失重大的一侧进行平衡。

（8）经过几次的配重，当不平衡量小于 5 g 时，显示"OK"，说明已达满意效果。平衡块的镶嵌要确保牢固，以防其在测试中飞出伤人。

（9）试验结束时，关掉电源。

【技能训练】

训练 1　轮胎的拆装

一、准备工作

1.工具、量具及设备的准备

扒胎机、常用工具、气压表、实训车。

2.事故预防措施

要防止轮胎从拆装机上脱落下来,以免伤人。

3.作业前的准备

(1)将车轮从车上拆下。

(2)整理扒胎机周围环境,确保不影响轮胎的拆装作业。

二、执行操作

操作步骤	操作内容	图例
1	检查轮胎及轮辋,放气并取出气门芯。	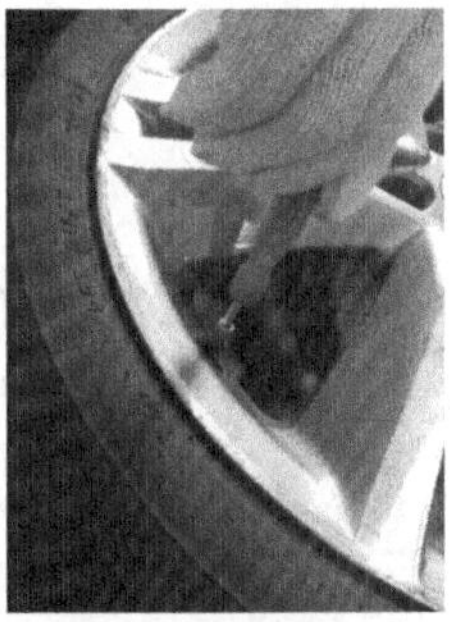
2	距离轮辋1 cm处压胎,同时注意气门嘴的位置。	
3	旋转轮胎,周围压胎,同时注意气门嘴的位置。	

续表

操作步骤	操作内容	图例
4	固定轮胎并用专用工具取下旧平衡块。	
5	操作拆卸柱,注意气门嘴位置,拆卸轮胎。拆完一侧,将车轮掉过,再拆另一侧。	
6	取下轮胎,检查轮胎表面的磨损情况,并清除表面夹杂的石子或其他物体。	
7	清洁并检查轮辋。	
8	检查气门嘴。	

续表

操作步骤	操作内容	图例
9	安装气门嘴。	
10	装胎前涂抹润滑膏。	
11	操作拆卸柱,注意气门嘴位置,装好轮胎。	
12	给轮胎充气,达到标准压力数值。	
13	检查气门嘴和气门芯是否漏气。	

续表

操作步骤	操作内容	图例
14	拧好气门帽。	
15	清洁轮胎及轮辋。	
16	清洁扒胎机。	

三、检查工作质量

检查轮胎的安装情况。

四、结束工作

(1)清洁工具、量具及设备并归位。

(2)清扫、整理场地。

训练 2　车轮的动平衡测试

一、准备工作

1.工具、设备的准备

车轮动平衡机、常用工具、平衡块。

2.事故预防措施

要防止轮胎从动平衡机上脱落下来,以免伤人。

3.作业前的准备

(1)将车轮从车上拆下,并清洁。

(2)整理车轮动平衡机周围环境,确保不影响车轮动平衡测试作业。

二、执行操作

操作步骤	操作内容	图例
1	检查轮胎气压及轮辋;轮胎气压应处于规定压力。	
2	取出车轮上的旧平衡块。	
3	去除胎面的异物,新轮胎应去除标签。	

续表

操作步骤	操作内容	图例
4	根据显示要求,输入相应数据,并将车轮安装在动平衡机上。	
5	启动动平衡机,读取不平衡数值,并记录不平衡位置。	
6	根据数据及位置安装新的平衡块。	
7	检查安装新平衡块后车轮的平衡状态,若还存在不平衡,应重复以上步骤。	

三、检查工作质量

检查车轮动平衡测试质量。

四、结束工作

(1)清洁工具、设备并归位。
(2)清扫、整理场地。

/任务 1.5/ 汽车空调加注机

【相关知识】

汽车空调加注机可以完成制冷剂回收、再生和充注。下面以 AC350C 制冷剂回收、再生、充注机为例进行介绍,如图 1-48 所示。该设备还有一个强大的数据库,覆盖了市场上绝大多数车型的所有服务信息。AC350C 用于对 R-134a 或者R-12其中一种制冷剂的回收、再生和充注,一旦选用了 R-134a 或者 R-12,系统就只能使用这一种制冷剂。

1.AC350C 术语

空调系统——被本设备服务的汽车空调系统。

工作罐——位于设备内部,用于存储充注制冷剂的存储容器。

控制面板阀门——在控制面板上的高、低压阀门,统称控制面板阀门。

图 1-48　AC350C 制冷剂回收、再生、充注机

快速接头——装在空调管道上,用于连接管道到空调系统或源罐的接头。

空调软管——用于连接设备和空调系统的红色和蓝色软管。

源罐——用于补充工作罐制冷剂的制冷剂存储容器。

设备——制冷剂回收、再生、充注机。

2.AC350C 操作面板

AC350C 操作面板如图 1-49 所示。

3.注意事项

(1)当确定使用了一种制冷剂后就不能使用另外的制冷剂,否则会严重损坏设备和汽车空调。

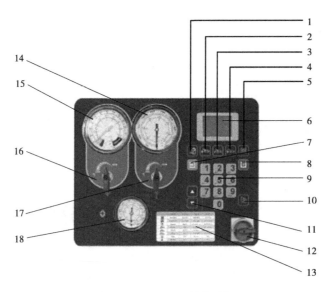

图 1-49　AC350C 操作面板

1—排气:运行排气功能的快捷键。2—回收:回收空调系统的制冷剂。3—抽真空:将空调系统进行抽真空。4—充注:向空调系统充注制冷剂。5—菜单:进入菜单程序的快捷键。6—显示屏:显示操作信息。7—开始/确认:开始/确认程序的进行。8—停止/取消:停止/取消程序的进行。9—键盘:输入数据键。10—数据库:进入数据库的快捷键。11—上下键:上下选择键。12—电源开关:开机或关机。13—多语言对照表:多种语言表达对照表。14—高压表:显示空调系统高压端压力表。15—低压表:显示空调系统低压端压力表。16—低压阀:控制空调系统低压端与设备的通断。17—高压阀:控制空调系统高压端与设备的通断。18—工作罐压力:显示工作罐压力的压力表。

（2）使用前必须认真检查真空泵的油位,如低于最低油位应即时添加。

（3）不可随意增加连接线缆,否则容易导致设备过热或着火。

（4）启动设备前检查是否有冷冻油,若无,请加入适量的冷冻油。

（5）设备只能在 10~50 ℃环境下使用,如果温度超过 40 ℃,则要在两次回收之间等待 10 min。

（6）在真空状态下不能超时使用压缩机,否则会损坏压缩机。

（7）在使用设备时要佩戴护眼罩。

（8）不要在内置存储罐内充注过多的制冷剂,过多可能导致爆炸或严重人身伤害,或导致死亡。

（9）在抽真空前必须检查压力表,只有在低压小于 0 kPa 时才可进行操作。

（10）R-134a 与 R-12 有特殊的接头不可混用。

（11）对进行抽真空操作的空调系统要补充必要的冷冻油。

（12）不得随意拆开设备外部防护件,在打开设备外盖时必须断电。

一、设备初始设置

1.添加真空泵油

（1）打开注油口盖子。

（2）从注油口向真空泵中加入润滑油,直到油面线达到液位标尺中部。

（3）盖上注油口盖子。

注意:真空泵出厂时未加润滑油,在使用前要进行添加。正常使用情况下每工作 1 000 小时真空泵油更换一次。

2.添加注油瓶油

（1）拧下注油瓶。

（2）向注油瓶加入适量的冷冻油。

（3）冷冻油加注完成后,将注油瓶拧上。

注意:设备出厂时注油瓶内无冷冻油,在启动设备前先加入冷冻油。

3.工作罐初始化

（1）断开系统与空调的连接。

（2）选择"▥"键,如图 1-50 所示;输入密码,默认为 1234,如图 1-51 所示。

图 1-50　选择"▥"键

图 1-51　输入密码

（3）进入"3.维护"选项,如图 1-52 所示;再选择"4.工作罐初始化"功能,如图 1-53 所示,按"⮫"键。

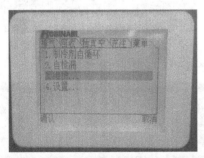

图 1-52　进入"3.维护"选项

图 1-53　选择"4.工作罐初始化"功能

（4）显示如图 1-54 所示,通过数字键设置初始化时间,当光标在"10:00"处闪动时,选择数字键,程序将切换到时间设置界面。

（5）按"⮫"键进入工作罐抽真空状态。

（6）当初始化时间到了设置的时间,系统自动停止显示。

（7）按"⮫"键,加注首批制冷剂。

图1-54　时间设置界面

4.充注制冷剂到工作罐

首次使用时,请保证工作已经初始化完成,然后将高压管(或低压管)通过转接头连接到原储存罐上,打开高压阀运行"排气""回收"功能。

(1)接入电源,并开启设备。

(2)按"排气"键,即开始排气2 s,如图1-55所示,2 s完成后,如图1-56所示,按"确认"键继续排气,按"取消"键退出排气操作。

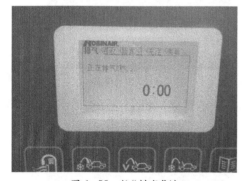

图1-55　按"排气"键

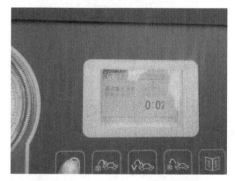

图1-56　按"确认"或"取消"键

(3)连接软管到原储存罐,并关闭高压阀门,如图1-57和图1-58所示。

图1-57　连接软管

图1-58　关闭高压阀门

（4）打高压阀门，按下"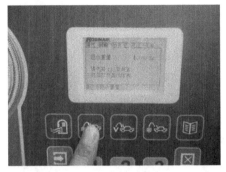"，直到显示屏上有显示，如图1-59和图1-60所示，回收前清理管路1 min，通过数字键设置回收重量。

图1-59　按下""

图1-60　设置回收重量

（5）按"⊠"键结束充注。

二、设备提示信息

在操作过程中，以下信息可能出现在显示屏上。如果出现这些提示信息，请立即采取适当措施。

（1）更换干燥过滤器——这个信息出现在当制冷剂已经被回收了68 kg（150磅）的时候，表示干燥 过滤器需要更换。

（2）更换真空泵油——这个信息出现在真空泵每使用1 000 h之后。

（3）下一步，排油——这个信息出现在空调系统回收完后。

（4）下一步，注油——这个信息出现在空调系统抽真空完成后。

（5）工作罐高压——这个信息出现在内置存储罐压强超过25 bar或更高的时候。（此时应该关闭设备，让其冷却30 min，重新开机后观察是否清除"高压"报警信息。如果信息不能成功清除，请联系制造商。）

（6）工作罐过载——这个信息出现在内置存储罐里的冷媒过多时。此时应该根据设备提示执行"充注"功能排出过多制冷剂。

（7）充注缓慢——这个信息出现在充注的过程中1 min内充注量少于50 g时。

（8）制冷剂自循环保护——这个信息出现在内置存储罐制冷剂质量小于1 kg或者大于8 kg进行自循环时。

（9）真空泵保护——这个信息出现在空调系统压力大于10 Pa进行抽真空程序时。

（10）回收已超过30 min，请检查——这个信息出现在"回收"超过30 min时。

【技能训练】

训练 1　回收制冷剂

一、准备工作

1.工具、设备的准备

空调加注机、常用工具一套、内外三件套、制冷剂、车轮挡块。

2.事故预防措施

回收制冷剂时要防止制冷剂逸出伤人。

3.作业前的准备

安装车轮挡块如图 1-61 所示,固定车辆以防止车辆自行移动。安装尾气排放装置如图 1-62 所示,以防发动机启动时污染室内空气。

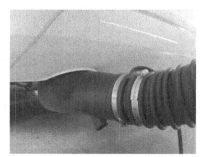

图 1-61　安装车轮挡块　　　　　　图 1-62　安装尾气排放装置

打开车门,安装车内三件套如图 1-63 所示,以保持车内整洁干净。拉起发动机舱盖开关,如图 1-64 所示。

图 1-63　安装车内三件套　　　　　　图 1-64　拉起发动机舱盖开关

打开发动机舱盖,如图 1-65 所示。安装车外三件套,如图 1-66 所示。

图 1-65　打开发动机舱盖

图 1-66　安装车外三件套

二、执行保养

操作步骤	操作内容	图例
1	接入电源,安装低压软管。	
2	接入电源,安装高压软管。	
3	打开高低压阀。	
4	开启电源。	

续表

操作步骤	操作内容	图例
5	按"排气"键,即开始排气 2 s。	
6	按"🅰🚗"键直到显示屏上显示,设置回收重量;可以通过数字键盘设置回收的重量,回收前清理管路 1 min。	
7	按下"➔"键,压缩机启动,系统将清理管路,时间为 1 min(在此过程中按"✕"键系统将退回主界面)。清理管路完成后,开始回收,显示,回收完成后显示数值。	

续表

操作步骤	操作内容	图例
8	按下"➡"键,显示排油程序。	
9	按下"⊠"键返回主界面,回收制冷剂,操作完成。	

三、检查工作质量

检查空调制冷剂是否全部回收。

四、结束工作

(1)清洁工具、设备并归位。

(2)清扫、整理场地。

训练2　制冷系统抽真空

一、准备工作

1.工具、设备的准备

空调加注机、常用工具一套、内外三件套、制冷剂、车轮挡块。

2.事故预防措施

抽真空时要防止汽车滑移,以免伤人。

3.作业前的准备

安装车轮挡块,固定住车辆以防止车辆自行移动。安装尾气排放装置,以防发动机启动时污染室内空气。打开车门,安装车内三件套,以保持车内整洁干净;拉起发动机舱盖开关,打开发动机舱盖,安装车外三件套。

二、执行操作

操作步骤	操作内容	图例
1	将设备的红、蓝色软管和汽车空调系统的高、低压接口连接起来。	
2	在控制面板上打开设备电源开关,打开红、蓝两个阀门。	
3	按下"√🚗"键,直到屏幕上出现抽真空状态。	
4	可以通过数字键盘设定抽真空时间:当光标在"15:00"字符处闪动时,选择数字键程序将切换到抽真空时间设置界面。当抽真空完成后,屏幕显示"已完成"。	
5	按下"🔁"键,开始抽真空操作。显示屏上原显示的MM:SS值开始计时。 **注意**:在抽真空前,必须检查压力表。只有在低压小于0 kPa时才可进行抽真空操作,否则将会损坏真空泵。如果压力大于0 kPa,请先进行回收操作。	
6	关闭高低压阀,按"🔁"键,屏幕显示"保压"。	

操作步骤	操作内容	图例
7	3 min 保压完成后观察压力表的变化,判断是否有泄漏,如果存在泄漏,要查明原因并进行处理,直至不再泄漏才进行下一步操作。	
8	保压完成后,压力表显示不存在泄漏情况后,打开高压阀,关闭低压阀,按下"➡"键。	
9	按下"➡"键后显示屏显示"继续"。	

续表

操作步骤	操作内容	图例
10	按下"⊒"键系统进入注油程序,显示屏显示"注油",按下"☒"键退出,或按"⊒"键继续。	
11	注油完成后,进入下一步充注制冷剂操作流程。	

三、检查工作质量

检查空调系统是否有漏气现象。

四、结束工作

(1)清洁工具、设备并归位。

(2)清扫、整理场地。

训练 3 充注制冷剂

一、准备工作

1.工具、设备的准备

空调加注机、常用工具一套、内外三件套、制冷剂、车轮挡块。

2.事故预防措施

加注制冷剂时要防止制冷剂瓶冻伤手等,同时要防止制冷剂逸出。

3.作业前的准备

安装车轮挡块,固定住车辆以防止车辆自行移动。安装尾气排放装置,以防发动机启动时污染室内空气。打开车门,安装车内三件套,以保持车内整洁干净。拉起发动机舱盖开关。打开发动机舱盖,安装车外三件套。

为了最大限度地提高空调加注机在充注过程中的性能,要确认加注系统中的制冷剂量至少为汽车制冷系统加注量的3倍。

二、执行保养

操作步骤	操作内容	图例
1	将设备的红、蓝色软管和汽车空调系统的高、低压接口连接起来。	
2	关闭低压阀,进行单管充注(注:红色软管连接高压接口,蓝色软管连接低压接口)。按下"❄🚗"键,在默认的状态下系统会自动判断工作状态,也可以通过数字键设置充注的重量。如果不清楚加注量,可以进入数据库中进行查询。 **注意**:R-134a 系统有特殊的接头不能与 R-12 制冷系统混合使用。同时系统只能在一种制冷系统中使用,不可加注不同种类的制冷剂。	
3	打开控制面板上的对应阀门。	

续表

操作步骤	操作内容	图例
4	按下"➔"键,充注开始,并显示已充注的制冷剂重量。	
5	按下"➔"键,系统进行自动管路清理。	
6	从汽车上断开高低压快速接头。	

续表

操作步骤	操作内容	图例
7	程序结束后按下"⤵"键退出。	

三、检查工作质量

检查空调的工作情况。

四、结束工作

(1)清洁工具、设备并归位。

(2)清扫、整理场地。

项目二 | 发动机的维护与保养

发动机是汽车的心脏,是驱动汽车的动力源。如果发动机维护和保养不当,汽车将不能较好地工作甚至可能出现故障,从而造成汽车停止运行。因此,对发动机进行维护是必要的。发动机由两大机构和五大系统组成,通常应对发动机的润滑系统、冷却系统、进排气系统和配气机构进行维护。

【学习目标】

(1)掌握发动机润滑系统的维护内容及方法。

(2)掌握发动机冷却系统的维护内容及方法。

(3)掌握发动机空气滤清器的维护方法。

(4)掌握发动机燃油滤清器的维护方法。

(5)掌握发动机配气机构的维护方法。

(6)掌握发动机排气管的维护方法。

【学习任务】

(1)发动机润滑系统的维护。

(2)发动机冷却系统的维护。

(3)发动机空气滤清器的维护。

(4)发动机燃油滤清器的维护。

(5)发动机配气机构的维护。

(6)发动机排气管的维护。

/任务 2.1 / 润滑系的维护与保养

【相关知识】

一、发动机机油平面高度的检查和补充

1.检查条件

检查前汽车必须停放在水平的地面上,将发动机的变速器挂入空挡,怠速运转 5 min,使发动机达到正常工作温度。

2.油量的检查及补充

发动机熄火后,拔出机油尺。用干净的抹布将机油尺擦干净,再将机油尺完全插入后取出,查看油面高度。正常油面高度应在高位和低位之间。如机油低于低位线,则应添加与该车相应型号的机油。

二、发动机机油的更换

1.机油质量的检查

发动机的机油如洁净清澈,且呈蓝褐色或绿褐色,则表示机油可以继续使用。油膜的表面有水滴或有呈淡黄色的乳沫则表明机油中有水混入,应及时更换。机油呈灰黑状,则表明机油已严重污染,应及时更换。能闻出较浓的汽油味,则表明气缸与活塞环、活塞等零部件磨损严重,使混合气和废气漏入了油底壳,此时应及时到维修站去维修并更换机油。用手捻捏少量机油,若手感粗糙,则表明机油中已混入大量的金属屑和其他杂质;机油较稀,则很可能是被混合气中的汽油稀释所致,应去维修站检修并更换机油。感到机油过于黏稠且有胶质感,则说明机油已老化变质,寿命已尽,应及时更换。

2.机油更换时间的确定

一般情况下,汽车在行驶 5 000~7 500 km 后,应更换一次机油。

【技能训练】

训练 1　发动机油平面高度的检查和补充

一、准备工作

1.材料、工具、设备的准备

常用工具一套、车内三件套、车外三件套、车轮挡块、尾气排放装置、吹尘枪、毛巾、手套、

机油回收车、相关型号的机油和机油滤清器等。

2.事故预防措施

发动机润滑油平面高度检查时要防止机油滴漏在地面上,导致维护人员和其他相关人员摔伤。

3.检查前的准备

(1)将汽车停放在水平地面上,如图 2-1 所示。

(2)安装车轮挡块,如图 2-2 所示。固定住车辆以防止车辆自行移动。

图 2-1　将汽车停在水平面上

图 2-2　安装车轮挡块

(3)打开舱盖开关,如图 2-3 所示。打开发动机舱盖,如图 2-4 所示。

图 2-3　打开舱盖开关

图 2-4　打开发动机舱盖

(4)安装车内三件套,如图 2-5 所示。安装车外三件套,如图 2-6 所示。

图 2-5　安装车内三件套

图 2-6　安装车外三件套

二、执行保养

操作步骤	操作内容	图例
1	变速器处于空挡,并拉起驻车制动,启动发动机进行预热。	
2	拔出机油尺并用干净抹布将其擦干净。将机油尺插入,再拔出机油尺检查机油液面高度。	
3	机油的补充,如机油量不足则应进行相应的补充。	

续表

操作步骤	操作内容	图例
4	拆卸机油加注口盖。	
5	按照规定量添加相应的机油,安装机油加注口盖。	

三、检查工作质量

检查发动机舱及地面是否有油污,检查机油平面高度是否符合要求,机油加注盖是否拧紧。

四、结束工作

(1)收起车外三件套并清洁车身。

(2)收起车内三件套,并清洁恢复场地。

(3)收尾气抽排装置,以及车轮挡块。

(4)关闭发动机舱盖,清洁工具并归位。

训练 2　更换机油及机油滤清器

一、准备工作

1.材料、工具、设备的准备

常用工具一套、车内三件套、车外三件套、车轮挡块、尾气排放装置、吹尘枪、毛巾、手套、机油回收车、相关型号的机油和机油滤清器等。

2.事故预防措施

更换发动机润滑油时要防止机油滴漏在地面上,导致维护人员和其他相关人员摔伤。另外要注意所换油与发动机的使用条件的匹配,以免损伤发动机。

3.检查前的准备

打开舱盖开关,打开发动机舱盖,安装车外三件套,安装车内三件套,安装尾气抽排装置,如图2-7所示。

图2-7 安装尾气抽排装置

二、执行保养

操作步骤	操作内容	图例
1	预热发动机。	
2	拆下加油口盖并举升汽车至相应位置。	
3	准备机油收集器及相同型号的机油滤清器。	

续表

操作步骤	操作内容	图例
4	检查发动机是否漏油。	
5	拧松放油螺栓,排放机油。	
6	用专用工具旋松机油滤清器,用手旋下机油滤清器。	
7	将新的机油滤清器加注适量的新鲜机油,然后先用手将机油滤清器装上,再用专用工具拧紧机油滤清器。	

操作步骤	操作内容	图例
8	机油放完以后拧紧放油螺栓,收回并清洁机油收集器。	
9	下降汽车。	
10	加注机油,并检查机油的液面高度。	

三、检查工作质量

检查发动机舱及地面是否有油污,机油平面高度是否符合要求,机油加注盖是否拧紧,放油螺栓处是否有漏油现象。

四、结束工作

（1）收起车外三件套并清洁车身。

（2）收起车内三件套，并清洁恢复场地。

（3）收尾气抽排装置，以及车轮挡块。

（4）关闭发动机舱盖，清洁工具并归位。

/任务 2.2 / 冷却系的维护与保养

【相关知识】

一、发动机冷却液液面高度的检查和补充

1.检查条件

检查前汽车必须停放在水平的地面上，将发动机的变速器挂入空挡。

2.冷却液液面高度的检查及补充

发动机处于冷态时，检查膨胀水箱的冷却液液位。检查冷却液液位在"F"和"L"之间。如冷却液低于"L"线，则应添加与该车相应型号的冷却液。

二、发动机冷却液的更换

有些汽车直接用普通水作为冷却液，每6个月清洗更换一次，如果采用防冻液作为冷却液，在更换防冻液或发动机大修后，进行清洗更换。

【技能训练】

训练 1 发动机冷却液液面高度的检查和补充

一、准备工作

1.材料、工具、设备的准备

常用工具一套、车内三件套、车外三件套、车轮挡块、尾气排放装置、吹尘枪、毛巾、手套、相应型号的冷却液及冷却液接收器等。

2.事故预防措施

检查和补充发动机冷却液时要防止冷却液溅入眼内和溅到皮肤上，如不小心溅入眼内

或溅到皮肤上,应用大量的清水清洗,严重者应及时就医。

3.检查前的准备

将车辆停放在水平地面上,将换挡杆置于空挡,拉起驻车制动器手柄,如图 2-8 所示。

图 2-8 拉起驻车制动器手柄

安装车轮挡块,打开舱盖开关,打开发动机舱盖,安装车外三件套,安装车内三件套,安装尾气抽排装置。

二、执行保养

操作步骤	操作内容	图例
1	启动发动机预热,使发动机冷却液达到正常温度,然后熄火。	
2	打开散热器盖,检查冷却液量。如果不足,应补充冷却液到溢出为止。	
3	补充相同型号的冷却液。	
4	检查补偿罐中冷却液的液位,应在"F"和"L"之间。如冷却液低于"L"线,则应添加与该车相应型号的冷却液。	

三、检查工作质量

检查发动机舱及地面是否有水渍,检查冷却液平面高度是否符合要求,冷却液加注盖是否拧紧。

四、结束工作

（1）收起车外三件套并清洁车身。
（2）收起车内三件套,并清洁恢复场地。
（3）收尾气抽排装置,以及车轮挡块。
（4）关闭发动机舱盖,清洁工具并归位。

训练 2　更换发动机冷却液

一、准备工作

1.材料、工具、设备的准备

常用工具一套、车内三件套、车外三件套、车轮挡块、尾气排放装置、吹尘枪、毛巾、手套、相关型号的冷却液及冷却液接收器等。

2.事故预防措施

更换发动机冷却液时要防止冷却液溅入眼内或溅到皮肤上,如不小心溅入眼内或溅到皮肤上,应用大量的清水清洗,严重者应及时就医。

3.检查前的准备

将车辆停放在水平地面上,将换挡杆置于空挡,拉起驻车制动器手柄。

安装车轮挡块,打开舱盖开关,打开发动机舱盖,安装车外三件套,安装车内三件套,安装尾气抽排装置。

二、执行保养

操作步骤	操作内容	图例
1	启动发动机预热,使发动机冷却液达到正常温度,然后熄火。	
2	打开散热器盖。	

操作步骤	操作内容	图例
3	正确安装左、右举升机脚垫。	
4	取下尾气排放装置。	
5	将车辆举升,使举升机脚垫与举升支点接触,并检查是否正确。	
6	将车辆举升到距离地面的一定高度。	
7	检查车辆的平稳性。	

续表

操作步骤	操作内容	图例
8	将车辆举升到规定高度后,落锁。	
9	准备冷却液回收车和工具,打开散热器放水开关,排放完毕后关好放水开关。	
10	移开冷却液回收车。	
11	降下车辆,使车辆与地面接触。	
12	加注发动机冷却液。	
13	打开点火开关,启动发动机。检查散热器内的冷却液量,不足时要进行补充,然后将散热器盖好。	
14	检查散热器各管路是否泄漏。	
15	关闭点火开关,使发动机熄火。	

三、检查工作质量

检查发动机舱及地面是否有水渍,冷却液平面高度是否符合要求,冷却液加注盖是否拧紧。

四、结束工作

(1)收起车外三件套并清洁车身。

(2)收起车内三件套,并清洁恢复场地。

(3)收尾气抽排装置,以及车轮挡块。

(4)关闭发动机舱盖,清洁工具并归位。

| 任务 2.3 / 　空气滤清器的维护

【相关知识】

一、发动机空气滤清器的检查

1.检查条件

检查前汽车必须停放在水平的地面上,将发动机的变速器挂入空挡。

2.空气滤清器的检查

现代汽车上多采用纸质滤芯的空气滤清器,该类空气滤清器的效率高。主要检查空气滤清器的滤芯灰尘是否过多,以及滤芯是否有损坏,密封圈是否有破裂、老化、变形。

二、空气滤清器的更换

空气滤清器使用 4 000~8 000 km 需要进行除尘,一般空气滤清器使用 20 000 km 时应该更换滤芯。

【技能训练】

训练 1　发动机空气滤清器的检查

一、准备工作

1.材料、工具、设备的准备

常用工具一套、车内三件套、车外三件套、车轮挡块、尾气排放装置、吹尘枪、毛巾。

71

2.事故预防措施

拆下空气滤清器时要防止异物进入发动机进气总管内,必要时可以用干净的抹布置于进气口处。

3.检查前的准备

安装车轮挡块如图2-9所示,固定住车辆以防止车辆自行移动。安装尾气排放装置如图2-10所示,以防发动机启动时污染室内空气。

图2-9　安装车轮挡块

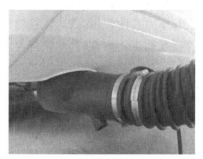

图2-10　安装尾气排放装置

打开车门,安装车内三件套如图2-11所示,以保持车内整洁干净。拉起发动机舱盖开关,如图2-12所示。

图2-11　安装车内三件套

图2-12　拉起发动机舱盖开关

打开发动机舱盖,如图2-13所示。安装车外三件套,如图2-14所示。

图2-13　打开发动机舱盖

图2-14　安装车外三件套

二、执行保养

操作步骤	操作内容	图例
1	打开空气滤清器盖的固定卡子,取出空气滤清器滤芯。	  拆除覆盖空气滤清器的外壳,我们要松开下图指出的四个卡扣。
2	检查空气滤清器芯是否有损坏和灰尘的沉积情况,密封圈是否有破裂、老化、变形。用吹尘枪从滤芯的内部向外吹,将灰尘吹净。	 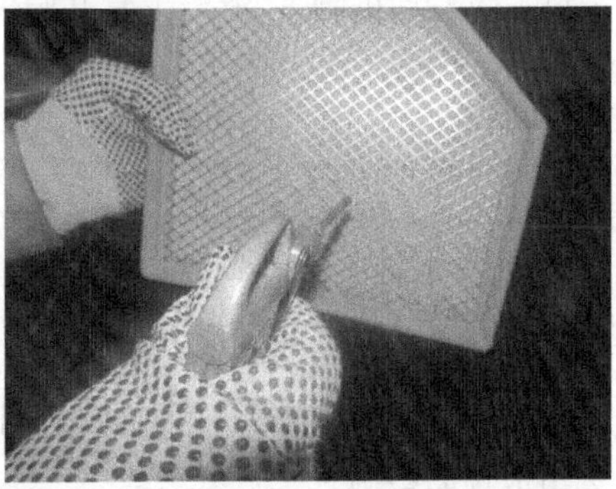

续表

操作步骤	操作内容	图例
3	用毛巾擦拭空气滤清器壳体的内部。安装空气滤清器。安装空气滤清器盖的固定卡子。	套上空气滤清器外壳，扣好边缘的卡扣就大功告成了。

三、检查工作质量

检查空气滤清器盖的固定卡子是否可靠,启动发动机观察发动机是否运转正常。

四、结束工作

(1)收车内三件套,并将其放入指定的垃圾箱内。

(2)清洁车身和场地。

(3)收尾气抽排装置,以及车轮挡块。

(4)关闭发动机舱盖,清洁工具并归位。

训练 2　空气滤清器的更换

一、准备工作

1.材料、工具、设备的准备

常用工具一套、车内三件套、车外三件套、车轮挡块、尾气排放装置、吹尘枪、毛巾。

2.事故预防措施

拆下空气滤清器时要防止异物进入发动机进气总管内,必要时可以用干净的抹布置于进气口处。

3.更换前的准备

安装车轮挡块,安装尾气排放装置,安装车内三件套,拉起发动机舱盖开关并打开发动机舱盖,安装车外三件套。

二、执行保养

操作步骤	操作内容	图例
1	打开空气滤清器盖的固定卡子。	 拆除覆盖空气滤清器的外壳,我们要松开下图指出的四个卡扣。
2	取出空气滤清器滤芯。	
3	检查空气滤清器芯是否有损坏和灰尘的沉积情况,密封圈是否有破裂、老化、变形。	
4	准备新的相同型号的空气滤清器滤芯。	
5	检查新的空气滤清器滤芯有无损坏,密封圈是否有破裂、变形。	

续表

操作步骤	操作内容	图例
6	用毛巾擦拭空气滤清器壳体的内部。	
7	安装空气滤清器。	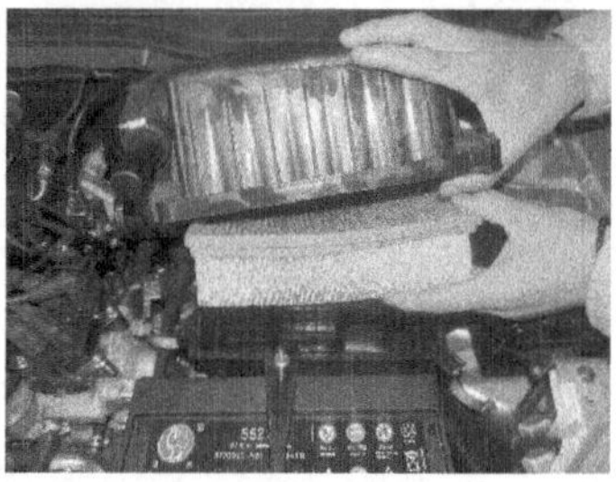
8	安装空气滤清器盖的固定卡子。	 拆除覆盖空气滤清器的外壳，我们要松开下图指出的四个卡扣。

三、检查工作质量

（1）打开点火开关,启动发动机。

（2）检查空气滤清器是否有漏气现象

四、结束工作

（1）收车内三件套,并将其放入指定的垃圾箱内。

（2）清洁车身和场地。

（3）收尾气抽排装置,以及车轮挡块。

（4）关闭发动机舱盖,清洁工具并归位。

训练 3　节气门的清洗

一、准备工作

1.材料、工具、设备的准备

常用工具一套、洗涤剂、车内三件套、车外三件套、车轮挡块、尾气排放装置。

2.事故预防措施

在清洗前,应先拆掉节气门体上的节气门位置传感器,以防清洗剂腐蚀节气门位置传感器而造成损坏。不过,在拆节气门位置传感器时千万注意,它的紧固螺钉螺纹上涂有防松胶,不易拧动。拧时不可用力过猛,以防止螺纹损坏,造成传感器报废,给用户带来不必要的损失。如果不拆节气门位置传感器,清洗时应特别小心,千万不要将清洗剂喷到其上。

3.清洗前的准备

安装车轮挡块,安装尾气排放装置,安装车内三件套,拉起发动机舱盖开关并打开发动机舱盖,安装车外三件套。

二、执行保养

1.拆卸

操作步骤	操作内容	图例
1	断开电瓶负极。	

续表

操作步骤	操作内容	图例
2	拆下空气滤清器盖的固定卡子。	
3	拆下废气再循环连接软管,旋松进气管与节气门体连接处钢箍上的螺丝。	
4	拆下空滤盖及进气管。	
5	拆下节气门位置传感器(注:不用拆下钢丝卡子,一顶一抽就行了)。	
6	拆下怠速电机插头和怠速电机。	

续表

操作步骤	操作内容	图例
7	拆下节气门拉线。	
8	拧松节气门体固定螺栓(注:四个螺栓),拆下节气门体。	
9	用钳子将软管卡箍松开,取下节气门体。	

2.清洗

操作步骤	操作内容	图例
1	清洁节气门体腔。	
2	清洁节气门及节气门轴等部位,直至没有污物为止。清洗后反复扳动节气门操纵机构,检查节气门开关是否自如。	
3	清洗进气道与节气门体的接合面,清洗前先拆下密封胶圈,以防被腐蚀。	

3.装配

操作步骤	操作内容	图例
1	安装节气门体的连接软管,并紧固。	

续表

操作步骤	操作内容	图例
2	安装固定节气门体的四个螺栓,并按照规定力矩拧紧。	
3	安装节气门拉线。	
4	安装怠速电机,并连接怠速电机插头。	
5	安装节气门位置传感器插头。	

续表

操作步骤	操作内容	图例
6	安装空滤盖及进气管。	
7	插上废气再循环的皮管。	
8	连接电瓶负极。	
9	插上钥匙,接通电源,让电脑自检,然后断电拔下钥匙。	
10	再次插上钥匙,接通电源,启动发动机。	

三、检查工作质量

(1)检查节气门体是否有漏气。

（2）检查发动机的怠速等运行工况是否正常。

（3）检查发动机舱及整车内外是否整洁干净。

四、结束工作

（1）检查发动机舱及地面是否有油污,清洁车身和场地。

（2）收回尾气抽排装置,收回挡块。

（3）关闭发动机舱盖,清洁工具并归位。

/ 任务 2.4 / 燃油滤清器的更换

【相关知识】

为了防止燃油渗漏,必须在发动机冷态下更换燃油滤清器。避免排气管排出的高温尾气点燃燃油,引起火灾。在更换燃油滤清器之前,必须遵照操作规范释放燃油管路的燃油压力。一般采用的操作方法是:启动发动机,取下电动燃油泵的熔断器或继电器,直到发动机停止转动,然后关闭点火开关,拆卸蓄电池的负极导线。在作业过程中如果需要使用工作灯,必须使用荧光灯。

现在新改进的燃油滤清器,本身设计有两根橡胶软管的接头,橡胶软管从燃油滤清器的两侧连接,这样就将燃油滤清器和汽车上的油路连接在一起。在燃油管路使用的新型接头如图 2-15 所示,是经过专业设计的,这种接头可以将橡胶软管和燃油滤清器紧紧地连接在一起,密封效果好,拆卸方便,不会损伤橡胶软管。

在更换燃油滤清器时,注意燃油滤清器壳体上箭头的指向如图 2-16 所示,一般箭头的指向均为燃油从燃油滤清器流出的方向。如果燃油滤清器装反,会导致燃油管路中的油压降低,使发动机无法正常工作。所以,在安装燃油滤清器时,必须使燃油滤清器上箭头的方向指向发动机。

图 2-15　燃油管路新型接头

图 2-16　燃油滤清器壳体上的箭头指向

【技能训练】

<h2 style="text-align:center">训练 1　更换燃油滤清器</h2>

一、准备工作

1.材料、工具、设备的准备

常用工具一套、燃油滤清器、车内三件套、车外三件套、车轮挡块、尾气排放装置。

2.事故预防措施

更换燃油滤清器时要防止异物进入供油管内,必要时可以用干净的抹布置于进气口处。同时要防止燃油泄漏在地上,引发火灾等。

3.保养前的准备

安装车轮挡块,安装尾气排放装置,安装车内三件套,拉起发动机舱盖开关并打开发动机舱盖,安装车外三件套。

二、执行保养

操作步骤	操作内容	图例
1	打开点火开关,启动发动机。	
2	断开车辆的油泵熔断器,直到发动机熄火,然后断开蓄电池负极导线。	

续表

操作步骤	操作内容	图例
3	举升车辆到一定高度,挂上保险。	
4	放松油路和燃油滤清器的结合处的夹紧装置,然后观察燃油滤清器上都标有两个箭头,一个是燃油流入箭头,另一个是燃油流出箭头,用箭头来表明燃油经过燃油滤清器时的流向。所以当我们安装燃油滤清器时,一定要使箭头的方向指向发动机,即油液是流向发动机的。	
5	按下滤清器出油管按钮,拔出出油管装上新的燃油滤清器,接着在滤清器的进口端进行相同的操作。把汽油管路转接到新的滤清器,经检查管路安装牢靠后,便可以把滤清器放回原来的位置并固定好。对于快速接口燃油滤清器,更换方式与上面提到的直进直出式汽油滤清器类似。在更换时需要先了解接口的结构,切勿用蛮力拉扯管路。与此同时,注意各油管的位置,切勿接反,否则车打不着火。	

三、检查工作质量

(1)检查是否有漏油现象。

(2)检查发动机各工况是否运转正常

四、结束工作

(1)收回车内三件套,并将其放入指定垃圾箱内。

(2)检查发动机舱及地面是否有油污,清洁车身和场地。

(3)收回尾气抽排装置,收回挡块。

(4)关闭发动机舱盖,清洁工具并归位。

训练2 喷油器的维护

一、准备工作

1.材料、工具、设备的准备

常用工具一套、洗涤剂、车内三件套、车外三件套、车轮挡块、尾气排放装置、超声波清洗机。

2.事故预防措施

更换喷油器时要防止异物进入供油管内,必要时可以用干净的抹布置于进气口处。同时要防止燃油泄漏到地上,引发火灾等。

3.保养前的准备

安装车轮挡块,安装尾气排放装置,安装车内三件套,拉起发动机舱盖开关并打开发动机舱盖,安装车外三件套。

二、执行保养

1.喷油器的拆卸

操作步骤	操作内容	图例
1	拆下蓄电池负极导线,进行燃油系统的泄压。	

续表

操作步骤	操作内容	图例
2	拆下燃油总管上的进油管。	
3	在燃油总管周围放上一张干净毛巾以吸收溢出的燃油,并盖住开口处以免燃油系受到污染。	
4	用手将卡子向喷油器中心按压的同时,将喷油器导线插头从喷油器上取下。	
5	拆下燃油总管的固定螺栓并将燃油总管垂直地往外拉,使其脱离发动机。	
6	拆下喷油器紧固夹并轻轻地将喷油器从燃油总管上取下。	

2.清洗

操作步骤	操作内容	图例
1	接通喷油器清洗机电源。将电源线的一端插入清洗机的插座,另一端接在电源插座内。	
2	把外部清洗干净的喷油器放在清洗槽中的支架上。	
3	在清洗槽内加入适量的清洗剂或专用的超声波清洗剂,一般清洗剂以浸过喷油器针阀 20 mm 左右为宜。	
4	将喷油器脉冲信号线分别与喷油器插好。	
5	打开清洗机电源开关。	
6	在控制面板中选择超声波清洗功能,然后设定时间(系统默认为 10 min),然后按下"运行"键即可。	
7	清洗结束后,系统自动停止,并以蜂鸣器鸣叫提示,这时可关闭超声波电源开关。	
8	从清洗槽中取出喷油器,用干软布擦净喷油器上面的清洗剂,并按顺序放好。	

3.安装

操作步骤	操作内容	图例
1	在每一个喷油器两端上的"O"形圈上涂抹上一薄层干净的发动机润滑油。	
2	将喷油器的进油端插入燃油总管,用安装紧固夹固定。	

续表

操作步骤	操作内容	图例
3	将喷油器喷嘴插入喷油器的安装孔,检查喷油器是否安装到位。	
4	安装燃油总管的固定螺栓,按规矩力矩拧紧。	
5	插上每一个喷油器连接器插头。	
6	在连接进油管至燃油总管时,要向燃油总管方向推动进油管直到快速接头安装到位为止。	

三、检查工作质量

（1）检查是否有漏油现象。

（2）检查发动机各工况是否运转正常。

四、结束工作

（1）收回车内三件套，并将其放入指定垃圾箱内。

（2）检查发动机舱及地面是否有油污，清洁车身和场地。

（3）收回尾气抽排装置，收回挡块。

（4）关闭发动机舱盖，清洁工具并归位。

/任务 2.5/ 配气相位的维护

【相关知识】

正时皮带出现裂纹时，会被正时齿轮咬住，导致气门无法打开或关闭，同时发动机就会出现自动熄火。如果发动机出现空转现象，就会导致行程顶部的活塞与打开的气门之间存在间隙，这两种现象下的裂纹，损坏的只是正时皮带。而正时皮带承受的巨大扭矩将导致皮带破裂、局部挤压成块、拉伸过度。所以应定期检查、更换正时皮带。

首先检查皮带的张力，这时可以用拇指，强力地按压两个皮带轮中间的皮带。按压力约为 10 kg，如果皮带的被压下量为 10 mm 左右，则认为皮带张力合适。反之，则认为皮带的张力不足。如果皮带几乎不出现压下量，则认为皮带的张力过紧。张力不足时，皮带很容易出现打滑。张力过大时，很容易损伤各种辅机的轴承。为此，把调整螺母或螺栓拧松，把皮带的张力调整到最佳的状态。除此之外，还必须注意皮带的磨损情况。旧皮带磨损严重，使皮带和皮带轮的接触面积减小。只要用力下压皮带，皮带就会下沉到皮带轮的槽内。皮带橡胶老化的问题，如果皮带橡胶严重老化，必须更换新皮带。

一般情况下，汽车每 8 万公里更换正时皮带；五气门车每 6 万公里更换一次正时皮带。

在现代的汽车发动机上正时链条的传动方式，使用范围越来越广，而且有些发动机上还设计了 VVT（可变正时），正时链条在强度、耐久性及运转精确性方面都很好。目前，常见的正时链条主要分为套筒滚子链条和齿形链条两种类型。其中，滚子链条受到结构的影响，转动噪声相对正时皮带会更为明显，传动阻力和惯性也会相应较大。我们通常俗称的"静音链条"采用了齿形结构设计，传动时入齿更柔和，冲击更小，运转也更加平稳，因此，在噪声水平表现上更优于传统正时皮带。

【技能训练】

训练 科鲁兹LDE发动机配气正时机构拆装与气门间隙检查调整

一、准备工作

1.材料、工具、设备的准备

常用工具与专用工具一套(凸轮轴锁止工具、曲轴锁止工具,也可以用同等工具代替),如图2-17所示塞尺、抹布、指针式扭力扳手、预制式扭力扳手等。

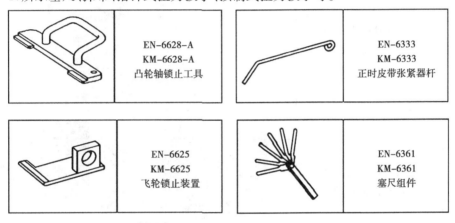

	EN-6628-A KM-6628-A 凸轮轴锁止工具		EN-6333 KM-6333 正时皮带张紧器杆
	EN-6625 KM-6625 飞轮锁止装置		EN-6361 KM-6361 塞尺组件

图2-17 常用工具与专用工具

2.事故预防措施

进行配气相位的维护时要防止皮带粘上滑润油或润滑脂引起打滑。

3.保养前的准备

安装车轮挡块,安装尾气排放装置,安装车内三件套,拉起发动机舱盖开关并打开发动机舱盖,安装车外三件套。

二、执行保养

操作步骤	操作内容	图例
1	作业准备,准备工量具及相关专用工具	

续表

操作步骤	操作内容	图例
2	清洁凸轮轴盖外表面,防止脏物掉进气门室里面。	
3	拆下凸轮轴盖 11 个紧固螺栓,取下凸轮轴盖。	
4	旋转曲轴扭转减震器紧固螺栓,对准曲轴正时标记。	
5	安装飞轮锁止工具。	
6	拆下两个正时皮带上的前盖螺栓,拆下正时皮带上的前盖,安装凸轮轴锁止工具。	

操作步骤	操作内容	图例
7	拆下中前盖。	
8	拆下曲轴扭转减震器螺栓,取下垫圈,取下扭转减震器。	
9	检查传动齿轮正时标记。	
10	拆下 4 个下前盖螺栓,取下前盖。	

续表

操作步骤	操作内容	图例
11	拆下张紧器螺栓,拆下张紧器。	
12	拆下正时皮带。	
13	检查正时皮带:无磨损、损伤、裂纹、油污现象。	
14	检查张紧轮:轴承无松旷、无噪声;检查惰轮:轴承无松旷、无噪声。	

续表

操作步骤	操作内容	图例
15	检查曲轴链轮,无异常磨损。	
16	检查凸轮轴位置执行器/调节器齿轮,进气侧无异常磨损,排气侧无异常磨损。	
17	检查惰轮工作情况,更换正时皮带。	
18	更换皮带张紧器,安装张紧器螺栓,扭矩 20 N·m。	

续表

操作步骤	操作内容	图例
19	安装下前盖,安装螺栓,扭矩 6 N·m。	
20	安装曲轴扭转减震器,更换减震器螺栓,第一遍拧紧扭矩 95 N·m,第二遍拧紧 45°,第三遍拧紧 15°。	
21	取下飞轮锁止工具。	

操作步骤	操作内容	图例
22	取下凸轮轴锁止工具。	
23	旋转曲轴(转动两圈),检查正时标记。	
24	安装中前盖,安装上前盖,安装上前盖螺栓,扭矩6 N·m。	
25	检查正时标记。	

续表

操作步骤	操作内容	图例
26	检查 2 缸进气和 3 缸排气凸轮位置,测量气门间隙,记录进气门 0.21~0.29 mm,标准值 0.25 mm,排气门 0.27~0.35 mm,标 准 值 0.30 mm。	
27	曲轴旋转 180°,检查 1 缸进气凸轮和 4 缸排气凸轮位置,测量气门间隙,记录。	

操作步骤	操作内容	图例
28	曲轴旋转 180°，检查 3 缸进气凸轮和 2 缸排气凸轮位置，测量气门间隙，记录。	
29	曲轴旋转 180°，检查 4 缸进气凸轮和 1 缸排气凸轮位置，测量气门间隙，记录。	
30	整理作业记录表，计算新梃杆厚度＝测量气门间隙值＋实际厚度值－标准气门间隙，查表，选择配件编号。	

续表

操作步骤	操作内容	图例
31	安装凸轮轴盖,拧紧力矩 8 N·m。	
32	整理场地,清洁工、量具并将其归位。	

三、检查工作质量

(1)检查发动机是否能够正常启动。

(2)检查发动机各工况是否运转正常。

四、结束工作

(1)清洁场地。

(2)检查发动机舱及地面是否有油污,清洁车身和场地。

(3)关闭发动机舱盖,清洁工具并归位。

/任务 2.6 / 排气系统的检查

【相关知识】

应定期清理排气管内部的积炭和胶质。清除方法可用钢丝刷或钝口刮刀刮除,再用高压空气吹净。排气管出现裂纹、缺损应进行焊修。检查排气管与气缸盖接合表面的变形情况,翘曲度不得超过 0.10 mm,否则应予修磨。当排气管处于高温状态时不能与其接触,以免烫伤。

【技能训练】

训练　排气管的检查

一、准备工作

1.材料、工具、设备的准备

常用工具一套、车轮挡块、车内三件套、车外三件套等。

2.事故预防措施

进行排气系统的维护时要防止排气管、三元催化器高温部件等烫伤皮肤。

3.保养前的准备

安装车轮挡块,安装尾气排放装置,安装车内三件套,拉起发动机舱盖开关并打开发动机舱盖,安装车外三件套。

二、执行保养

操作步骤	操作内容	图例
1	变速器处于空挡,并拉起驻车挡制动。	
2	正确安装左、右举升机脚垫。	
3	将车辆举升,使举升机脚垫与举升支点接触,并检查是否正确。	

续表

操作步骤	操作内容	图例
4	将车辆举升到距离地面一定的高度。	
5	检查车辆的平稳性。	
6	将车辆举升到规定高度后,落锁。	
7	戴手套检查排气管是否损坏。	
8	戴手套检查消声器是否损坏。	
9	戴手套检查密封垫片是否损坏。	

续表

操作步骤	操作内容	图例
10	戴手套检查排气管是否损坏。	
11	戴手套检查排气管是否泄漏。	
12	戴手套检查排气管吊挂是否损坏或脱落。	

三、检查工作质量

启动发动机检查排气系统是否有异响。

四、结束工作

（1）清洁汽车、举升机、回收车内三件套；收好车外三件套。

（2）清洁并整理作业场地。

项目三 ｜ 汽车底盘的维护

汽车底盘由传动系、行驶系、转向系和制动系四部分组成,作用是支承、安装汽车发动机及其各部件、总成,形成汽车的总体造型,并接受发动机的动力,使汽车产生运动。底盘系统的好坏关系到汽车能否正常行驶。因此,作为汽车运用与维修专业的学生,必须掌握汽车底盘维护的基本知识及相关技能。

【学习目标】

(1)掌握离合器的常规维护内容及方法。

(2)掌握自动变速器的常规维护内容及方法。

(3)掌握悬架的常规维护内容及方法。

(4)掌握车轮的常规维护内容及方法。

(5)掌握转向系的常规维护内容及方法。

(6)掌握制动系的常规维护内容及方法。

【学习任务】

(1)汽车传动系的维护。

(2)汽车行驶系的维护。

(3)汽车转向系的维护。

(4)汽车制动系的维护。

/任务 3.1 / 离合器的维护

【相关知识】

离合器是汽车传动系中直接与发动机相联系的部件,其作用是:使发动机的动力与传动装置平稳地接合或暂时分离,可靠传递发动机扭矩,以便于驾驶员进行汽车的起步、停车、换挡等操作。离合器主要由主动部分、从动部分、压紧部分和操纵机构组成。其基本结构如图3-1所示。

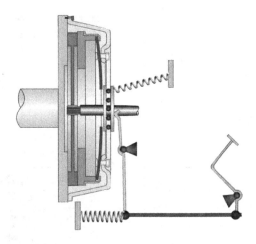

图 3-1　离合器的基本结构

从汽车启动到行驶过程中,要经常使用离合器,以保证汽车平稳起步、中断动力传动、换挡平顺等。因此要经常检查离合器的自由行程、踏板高度等,同时因管路泄漏、离合器油老化等原因需更换离合器油,换油后须排出管路中的空气。

【技能训练】

训练 1　离合器的日常维护

一、准备工作

1.材料、工具、设备的准备

车内三件套、车外三件套、车轮挡块、常用工具一套、手电筒、直尺、记录单。

2.事故预防措施

维护离合器的时候要防止汽车滑移,因此一定要固定好汽车。

3.作业前的准备

打开舱盖开关,安装车内三件套。打开机舱盖,安装车外三件套。安装车轮挡块,固定住车辆以防止车辆自行移动。

二、执行保养

保养步骤	保养内容	图例
1	踩下和放松离合器踏板以检查踏板的回弹能力,同时在踩下和放松离合器踏板过程中听有无异常响声,感觉踏板有无过度松动现象等。	
2	用钢直尺测量离合器踏板高度并记录数据。如果超出规定范围,则应调整踏板高度。注意:测量时,应测从地面到离合器踏板上表面的距离。如果必须要从地毯表面开始测量,则从标准值中扣除地毯的厚度,或者扣除地毯和沥青纸毡的厚度。	
3	先测量离合器踏板高度,然后用手指轻轻按压离合器踏板,感觉有阻力时用直尺测量踏板高度的变化值,即为离合器踏板的自由行程。	
4	调整踏板高度: (1)松开调整螺栓的锁止螺母。 (2)转动调整螺栓直到踏板高度正确。 (3)上紧限位螺栓锁止螺母。	 自由行程调整 调整方法:松开锁止螺母,转动调整螺栓至合适高度,上紧锁止螺母。 自由行程减小

续表

保养步骤	保养内容	图例
5	调整离合器踏板自由行程： (1)松开推杆锁止螺母。 (2)转动踏板推杆直到踏板自由行程正确。 (3)上紧推杆锁止螺母。 (4)调整好踏板自由行程之后,检查踏板高度。 注意:旋入离合器踏板推杆,离合器踏板高度降低;反之离合器踏板高度升高。	

三、检查工作质量

(1)检查变速器换挡是否正常。

(2)检查汽车起步是否正常。

四、结束工作

(1)收回车内三件套,并将其放入指定的垃圾箱内。

(2)检查发动机舱及地面是否有油污,清洁车身和场地。

(3)关闭发动机舱盖,清洁工具并归位。

训练2 离合器的液压管路排空气

一、准备工作

1.材料、工具、设备的准备

车内三件套、车外三件套、车轮挡块、常用工具一套、废油回收桶、手电筒、直尺、记录单。

2.事故预防措施

维护离合器的时候要防止汽车滑移,因此一定要固定好汽车。同时排空气时注意不要将离合器油漏在地面上。

3.作业前的准备

打开舱盖开关,安装车内三件套。打开机舱盖,安装车外三件套。安装车轮挡块,固定住车辆以防止车辆自行移动。

二、执行保养

保养步骤	保养内容	图例
1	将橡胶软管套在放气螺栓上,并将橡胶软管导入回收器内。	
2	拧松离合器分泵放气螺栓。	
3	缓慢踩下离合器踏板,如踩下踏板速度过快,则不能将空气完全排出。	
4	踩住离合器踏板,拧紧放气螺栓。	

续表

保养步骤	保养内容	图例
5	完全松开离合器踏板,使踏板回到最高位置。	
6	重复步骤2~5,直到流出的离合器油中没有气泡为止。	
7	补充离合器油到规定位置。	

三、检查工作质量

(1)检查离合器油是否足够。

(2)检查变速器换挡是否正常。

(3)检查汽车起步是否正常。

四、结束工作

(1)收回车内三件套,并将其放入指定的垃圾箱内。

(2)检查发动机舱及地面是否有油污,清洁车身和场地。

(3)关闭发动机舱盖,清洁工具并归位。

任务 3.2 自动变速器的维护

【相关知识】

自动变速器是指根据发动机转速、动力传动载荷、车速和其他操作因素自动改变变速器内齿轮啮合状态及传动比,从而达到变速的目的。每行驶约 100 000 km 更换一次自动变速器油。

规定变速器油:DIAMOND ATF SP-Ⅲ/ SK ATF SP-Ⅲ。

恶劣条件:每行驶 40 000 km 时更换一次自动变速器油。

自动变速器油更换周期表:

更换周期	容量
每行驶 100 000 km 时	1.6:6.1 L
	1.8:7.8 L

【技能训练】

训练 自动变速器的维护

一、准备工作

1.材料、工具、设备的准备

车内三件套、车外三件套、车轮挡块、尾气排放装置、常用工具一套、废油回收桶、手电筒、记录单。

2.事故预防措施

维护自动变速器的时候要防止汽车滑移,因此一定要固定好汽车。

3.作业前的准备

打开舱盖开关,安装车内三件套。打开机舱盖,安装车外三件套。安装车轮挡块,固定住车辆以防止车辆自行移动。

二、执行保养

1.自动变速器油量的检查

(1)将车辆停在平坦路面上,拉紧驻车制动器。

(2)启动发动机,变速器油温度达到正常温度后,踩住制动踏板,将变速杆从[P](驻车)

到[L]挡位以2~3 s的时间间隔在各挡位来回移动2~3回,最后挂入[N](空挡)或[P](驻车)挡位。

(3)打开发动机盖,拔出变速器油标尺。要避免衣服或手碰到并旋转部分及过热的散热器。

(4)擦干变速器机油标尺后,再次将它插入变速器,然后拔出,确认变速器油是否在[HOT]范围之内,如图3-2所示。

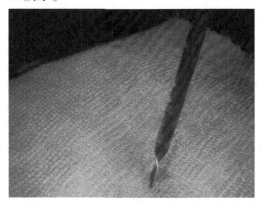

图3-2 自动变速器油量的检查

(5)变速器油不足时,利用漏斗加入变速器油至[HOT]范围。

2.自动变速器油质的检查

(1)检查油质、颜色、气味和杂质,确认ATF是否过热变质。如颜色变黑、有烧焦味且含有杂质,则予以更换。

(2)查阅资料,备足新的自动变速器油。

3.自动变速器油压的测试

测量控制管路中的油压,用来判断各种泵、阀的工作性能的好坏,以便调整或换件修理。变速器油压测试是在发动机及变速器运转至温度正常后,将汽车驱动轮支起来;在检测的油压螺孔内,安装上油压表,测量各部分的油压值,其值应分别符合以下标准值。

(1)检测减速油压值。将变速器手柄分别置于空挡,发动机怠速运转;4挡发动机转速约2 500 r/min;3挡发动机转速约2 500 r/min;2挡发动机转速约1 000 r/min;1挡发动机转速约1 000 r/min;倒挡发动机转速约1 000 r/min,其压力值均应为360~490 kPa。

(2)检测强迫降挡制动油压。将变速器手柄置于2挡,发动机怠速运转,其油压值应为100~200 kPa;将OD开关接通,手柄挂入4挡,发动机转速约2 500 r/min;将OD开关关闭,手柄挂入3挡,发动机转速约2 500 r/min;将手柄挂入2挡;发动机转速约1 000 r/min,其值均应为830~900 kPa。

(3)检测前段离合器油压。将OD开关关闭,变速器手柄挂入3挡,发动机转速约2 500 r/min,其油压值应为830~900 kPa;将变速器手柄置入倒挡,发动机转速约1 000 r/min,其压力值应为1 640~2 240 kPa,发动机转速约1 000 r/min时,其值应为1 500 kPa。

(4)检测终段离合器油压。将变速器OD开关接通,变速器手柄置于4挡,发动机转速在2 500 r/min以下,其油压值应为830~900 kPa;将OD关闭,手柄置于3挡,发动机转速约

2 500 r/min 时其油压值应为 830～900 kPa。

（5）检测倒挡制动油压。将手柄置于倒挡，发动机转速在 2 500 r/min 以下，其油压值应为 1 640～2 240 kPa；将手柄置于倒挡，发动机转速在 1 000 r/min 以下，其油压值应为 1 500 kPa。

4.自动变速器油的自然更换

（1）安装护布，作好举车准备。

（2）准备工具、足够的新自动变速器油、废油回收容器等。

（3）举车。

（4）放置废油回收容器，拧开放油螺栓，排放自动变速器油。

（5）待油放尽后，安装放油螺栓，并将回收容器移开。

（6）落车。

（7）加注适量的新自动变速器油。

（8）加注完成后，进行暖机操作，准备检查油量。

（9）检查油量。

（10）举车。

（11）放置回收容器，排放多余的油液。

（12）拆卸护布，清洁车身等。

（13）清洁场地，工具归位。

5.用专用换油机更换自动变速器油

准备工作与自动变速器油的自然更换相同。

（1）准备专用换油机，准备新油并放入指定容器内，连接换油机新油管。

（2）将自动变速器散热器管和换油机出油管相连接，放掉可流出的废油。

（3）车辆处于怠速状态，调整进油管压力。

（4）启动机器，开始换油。

（5）观察新油、旧油显示管的颜色，当颜色一样时，表示清洗和换油完成。

（6）落车，清洁工量具、设备及场地。

（7）车辆归位，护布拆卸及清洁车身等。

三、检查工作质量

（1）检查变速器是否有漏油现象。

（2）检查汽车起步、换挡是否正常。

四、结束工作

（1）收回车内三件套，并将其放入指定的垃圾箱内。

（2）检查发动机舱及地面是否有油污，清洁车身和场地。

（3）关闭发动机舱盖，清洁工具并归位。

任务 3.3　悬架的维护与保养

【相关知识】

一、悬架的组成及各部分的作用

悬架是车架(或车身)与车桥(或车轮)之间一切传力连接装置的总称。一般都由弹性元件、减震器、导向机构等组成,轿车一般还有横向稳定器,如图 3-3 所示。

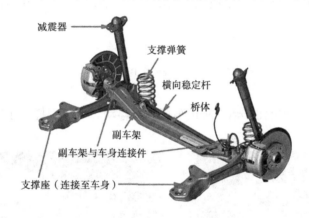

图 3-3　悬架的组成

悬架是连接车架(或车身)和车轮,把路面作用到车轮的各种力传给车架(或车身);缓和冲击、衰减震动,使乘坐舒适,具有良好的平顺性;保证汽车具有良好的操纵稳定性。

二、悬架的检修

1.减震器的检查

在车辆行驶过程中,如减震器发出异常的响声,则说明该减震器已损坏,必须更换。一般减震器是不进行修理的,如有很小的渗油现象不必调换,如漏油较多可通过拉伸和压缩减震器来检查渗油现象。漏出的减震器油不能再加入减震器内重新使用,漏油的减震器不能再使用。

2.前悬架支柱总成的检修

在零件全部解体后,应进行清洗、检查,必要时进行测量。如有下列情况,则必须更换新件:

(1)制动盘工作面严重磨损,超出规定,或表面出现裂纹。

(2)挡泥板严重扭曲变形。

(3)轮毂花键松旷,磨损严重。

（4）弹簧挡圈失效。

（5）车轮轴承损坏（注意:需要更换整套轴承）。

（6）前悬架支柱件任何一条焊缝出现裂纹或严重变形。

【技能训练】

<h2 style="text-align:center">训练　悬架的检查</h2>

一、准备工作

1.材料、工具、量具、设备的准备

车内三件套、车外三件套、车轮挡块、常用工具一套、气压表一个,扭力扳手、举升机一台。

2.事故预防措施

检查悬架的时候要注意举升安全,防止车辆落下伤人。

3.作业前的准备

（1）安装车轮挡块,固定住车辆以防止车辆自行移动。将换挡杆置于空挡,放松驻车制动器,如图3-4所示。

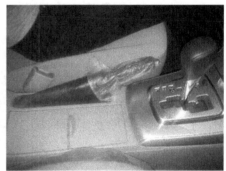

图3-4　悬架的检查前准备

（2）工具准备,如图3-5所示。

（a）　　　　　　　　（b）　　　　　　　　（c）

图3-5　工具准备

二、执行保养

保养步骤	保养内容	图例
1	检查左前减震器，上下晃动车身确定减震器的减震力大小，并且检查车身停止晃动的时间长短。	
2	检查右后减震器，上下晃动车身确定减震器的减震力大小，并且检查车身停止晃动的时间长短。注意如有两人操作，则两人不能同时检查，要有时间间隔。	
3	检查右前减震器。	
4	检查左后减震器。	
5	检查车辆前部倾斜度。目测车辆是否倾斜。如果车辆倾斜还需检查轮胎气压、左右车轮的尺寸及车辆承载是否均匀。	
6	检查车辆后部倾斜度。目测车辆是否倾斜。如果车辆倾斜还需检查轮胎气压、左右车轮的尺寸及车辆承载是否均匀。	
7	举升汽车。	
8	准备工具及护具，手套、帽子、扭力扳手等。	

续表

保养步骤	保养内容	图例
9	按照左前、左后、右前到右后的顺序,检查减震器是否有凹痕、是否漏油,检查防尘套是否有裂纹或损坏;检查钢板弹簧或螺旋弹簧、扭杆弹簧等是否损坏;检查悬架的其他部位,如摆臂、稳定杆、推力杆等是否损坏。	
10	检查减震器、悬架,用手晃动主要部件是否有松动现象,若有,应该用扭力扳手对其进行紧固,达到车辆的规定扭矩。	
11	检查完毕,落车,清洁场地并归位垫块、挡块,清洁并归位工、量具。	

三、检查工作质量

(1)检查车体是否周正。

(2)检查汽车行驶是否正常。

四、结束工作

(1)收回车内三件套,并将其放入指定的垃圾箱内。

(2)检查地面是否有油污,清洁车身和场地。

（3）关闭发动机舱盖,清洁工具并归位。

（4）拉紧手制动,换挡杆置于停车挡,取下护布,锁车。

／任务 3.4／　车轮的维护与保养

【相关知识】

车轮是外部装轮胎,中心装车轴并承受负荷的旋转部件,由轮毂、轮辋和轮辐组成。车轮主要分为辐条式和辐板式,如图 3-6 所示。

（a）辐条式　　　　　　　　　　　　　（b）辐板式

图 3-6　车轮的分类

车轮的作用是支撑汽车及货物的总质量;保证车轮和路面的附着性,提高汽车的牵引性、制动性和通过性;与汽车悬架一同减少汽车行驶中所受到的冲击,并减轻由此而产生的振动,以保证汽车有良好的乘坐舒适性和平顺性。

一、轮胎的结构

现代汽车轮胎的结构如图 3-7 所示。

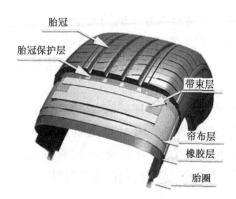
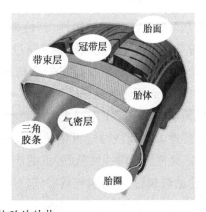

图 3-7　现代汽车轮胎的结构

（1）胎面也称胎冠，是轮胎的行驶面，它与路面接触，直接承受冲击和磨损，并使轮胎与路面间有很大的附着力，故胎面应具有较高的弹性和耐磨性。

（2）胎肩是较厚的胎冠、较薄的胎侧间的过渡部分，制有各种花纹，以提高该部位的散热性能。

（3）胎侧是贴在胎体帘布层侧壁的薄橡胶层，主要作用是保护胎体侧部帘布层免受损伤。

（4）胎体是外胎的骨架，由帘布层和缓冲层组成，其作用是承受负荷，保持轮胎外缘尺寸和形状。帘布层由浸胶的棉线、人造丝、尼龙、聚酯纤维和钢丝等材料制成，在帘布层与胎面之间还有用上述材料制成的缓冲层。

（5）胎圈由钢丝、帘布层包边和胎圈包边组成。

（6）气密层是轮胎的内衬层，要求有良好的气密性能。

二、轮胎的规格

以图 3-8 所示的 225/60 R16 98H 规格的轮胎为例进行说明。

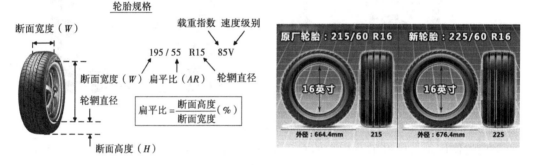

图 3-8　轮胎的规格及尺寸示意图

225/60 R16 98H 的含义是：轮胎的断面宽度为 225mm，扁平比为 60%，轮辋直径为 16 英寸，载重指数为 98，速度等级为 H 级（210 km/h）的子午线轮胎（R）。

三、轮胎的选择

轮胎是行驶系统的主要部件，其性能的好坏直接影响着车辆的安全性、稳定性和经济性，有的轿车由于超速行驶或轮胎气压过高，引起爆胎，造成车毁人亡；有的由于轮胎选用不当，引起轮胎早期磨损，而对行车安全构成威胁；还有的由于购买了假冒伪劣轮胎，酿成事故。因此，车主必须谨慎地选择轮胎。

现代轿车普遍采用子午线无内胎轮胎。这是一种适应高速公路、高速轿车的新型轮胎。这种轮胎弹性大、耐磨性好，可使轮胎使用寿命提高 30%～50%；滚动阻力小，可降低油耗 8%左右；抓地性能及缓冲性能好，承载能力强，抗刺能力强，行驶安全；附着力大，整车行驶性能好；轮胎被刺后，不易漏气或漏气较慢，压力不会急剧下降，仍能安全行驶一段距离。

四、轮胎的合理使用及养护

合理使用和养护轮胎的目的是降低轮胎的磨损速度,防止不正常的磨损和损坏,从而延长轮胎的使用寿命,降低燃油的消耗。我们应该注意以下几个问题。

（1）保持轮胎气压正常。

（2）保持轮胎胎面完好。

（3）防止车辆超载。

（4）认真驾驶车辆。

（5）轮胎定期换位。

（6）轮胎拆装和修补后必须进行动平衡试验。

五、轮胎的检查及换位

1.轮胎的不正常磨损及原因

（1）轮胎的中央部分早期磨损,如图 3-9 所示。主要原因是充气量过大。

（2）轮胎两边磨损过大,如图 3-10 所示。主要原因是充气量不足,或长期超负荷行驶。充气量小或负荷重时,轮胎与地面的接触面大,使轮胎的两边与地面接触工作而形成早期磨损。

（3）轮胎的一边磨损量过大,如图 3-11 所示。主要原因是前轮定位失准。

（4）轮胎胎面出现锯齿状磨损。主要原因是前轮定位调整不当或前悬挂系统位置失常,球头松旷等。

图 3-9 轮胎中央磨损

图 3-10 轮胎两边磨损

图 3-11 轮胎一边磨损量过大

2.轮胎的换位

为了防止轮胎偏磨损,延长轮胎的使用寿命,每行驶 10 000 km 应按以下几种方式变换轮胎的位置,轮胎的换位方式如图 3-12 所示。

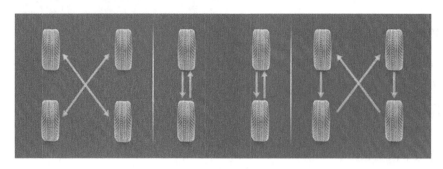

图 3-12 轮胎的换位方式

3.轮胎的更换周期

轮胎上有表示外胎磨损程度的标记,也就是轮胎旁边槽中或△标记方向的突出部分表示磨损程度。当轮胎磨损到这部分时要更换,如图 3-13 所示。

胎面磨损指示标志　在轮胎圆周上共有 6 处

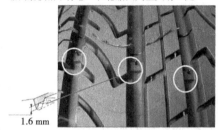

1.6 mm

图 3-13　胎面磨损指示标志

六、车轮的检查

1.车轮轮胎检查

检查车轮盘有无压痕、变形和裂纹。如车轮盘严重损坏则必须更换。

2.车轮轴承检查

(1)转动车轮检查前轮轴承是否磨损、损坏,有无异常噪声或咔嗒声。

(2)转动车轮检查后轮轴承是否磨损、损坏,有无异常噪声或咔嗒声。

3.车轮螺母

检查车轮螺母是否拧紧,应按规定扭矩重新拧紧。

【技能训练】

训练 1　车轮及轮胎的检查

一、准备工作

1.材料、工具、量具、设备的准备

车内三件套、车外三件套、车轮挡块、常用工具一套、气压表一个,毛刷一个、肥皂水、举升机一台。

2.事故预防措施

拆下车轮的时候要防止车轮落下伤人,同时应防止操作制动系统的相关管路。

3.作业前的准备

(1)安装车轮挡块,固定住车辆以防止车辆自行移动。将换挡杆置于空挡,放松驻车制动器,如图 3-14 所示。

图 3-14 作业前准备

(2)准备好工具,如图 3-15 所示。

图 3-15 准备好工具

(3)打开舱盖开关,安装车内三件套。

二、执行保养

1.车轮的检查

保养步骤	保养内容	图例
1	安装左侧举升机垫块。	

续表

保养步骤	保养内容	图例
2	安装右侧举升机垫块。	
3	将车举升一定高度(轮胎位于作业者胸前位置)停车,落锁。	
4	检查落锁情况,是否安全。	
5	检查车轮轴承有没有摆动现象和异常响声。摆动现象的检查至少检查水平和垂直两个位置,车轮应该无明显摆动。通过转动车轮至少两圈的方法,来听轴承的声音,检查有没有异常响声。(必要时拆解检查轴承)	

2.轮胎的检查

保养步骤	保养内容	图例
1	按照左前、左后、右后、右前的顺序先撬开车轮护盖。	
2	用十字架轮胎扳手,按照交叉的顺序,依次旋松车轮螺栓或螺母。	
3	将四个车轮都拧松后,操作举升机将车辆举起,轮胎位置大致在作业人员胸前。	
4	利用十字架轮胎扳手,将轮胎螺栓或螺母拧下。	
5	将车轮拆下并放在轮胎架上。	

续表

保养步骤	保养内容	图例
6	检查轮胎胎面是否有裂纹和损坏、嵌入颗粒及异常磨损情况,检查磨损标记。	
7	测量沟槽深度,以大于 1.6 mm 为正常。	
8	检查轮胎气压,压力应为车辆的标准值,一般在 220~380 kPa。	
9	检查气门嘴是否有漏气现象,利用肥皂水,抹在气门嘴处,看是否起泡,起泡为漏气,不起泡为正常。	

续表

保养步骤	保养内容	图例
10	检查钢圈是否有挠曲、压伤、焊缝处开裂和锈蚀等现象。	
11	将轮胎抱起,按顺序依次装在车轮螺栓上。	
12	用手将螺栓拧上,用十字架按照对角线进行车轮的预紧,直到四个车轮都上车。	
13	降落举升机。	
14	用扭力扳手将所有车轮的螺母,拧到车辆的规定扭矩。	

三、检查工作质量

（1）检查轮胎安装是否牢固。

（2）检查轮胎气压是否正常。

四、结束工作

（1）收回车内三件套,并将其放入指定的垃圾箱内。

（2）检查地面是否有油污并清洁车身和场地。

（3）关闭发动机舱盖，清洁工具并归位。

（4）拉紧手制动，换挡杆置于停车挡，取下护布，锁车。

训练2 车轮的更换

一、准备工作

1.材料、工具、设备的准备

车内三件套、车外三件套、车轮挡块、常用工具一套、扭力扳手一个，十字架扳手一个。

2.事故预防措施

拆下车轮的时候要防止车轮落下伤人，同时应保证车辆举升可靠。

3.作业前的准备

（1）安装车轮挡块，固定住车辆以防止车辆自行移动。将换挡杆置于空挡。

（2）准备好工具。

（3）打开舱盖开关，安装车内三件套；安装车外三件套。

（4）将车停放在举升机上，如图3-16所示。

图3-16 将车停放在举升机上

二、执行保养

保养步骤	保养内容	图例
1	更换车轮，用十字架扳手拧松左前车轮螺母。	

续表

保养步骤	保养内容	图例
2	安装左、右侧举升机垫块,支撑位置要正确,不要放在塑料护板处,以防损坏护板。 注意:支撑位置。	
3	操作举升机,将车辆举起,车轮离开地面即可,然后落锁。	
4	拆下左前轮,放在轮胎架上。	
5	将更换的车辆安装在轮毂上,顺时针拧上四个车螺母。	
6	操作举升机,将子机降落至初始位置。	

续表

保养步骤	保养内容	图例
7	用扭力扳手将车轮螺母紧固到规定扭矩 110 N·m，顺序十字交叉紧固。	

三、检查工作质量

检查轮胎安装是否牢固。

四、结束工作

（1）收回车内三件套，并将其放入指定的垃圾箱内。

（2）检查地面是否有油污，清洁车身和场地。

（3）关闭发动机舱盖，清洁工具并归位。

（4）拉紧手制动，换挡杆置于停车挡，取下护布，锁车。

╱任务 3.5╱ 汽车转向系统的维护与保养

【相关知识】

汽车转向系统用来改变或者恢复汽车的行驶方向。它是通过使前轮相对于汽车纵向平面偏转一定的角度来实现转向的。汽车转向系统的正常磨损，会导致横拉杆球头出现松旷、前轮前束过大或过小、转向轮异常磨损等。

一、汽车转向系统的作用

汽车转向系统是用来改变或保持汽车行驶方向的一系列装置。汽车转向系统的功能就是按照驾驶员的意愿控制汽车的行驶方向。

二、汽车转向系统的分类

汽车转向系统分为两大类:机械转向系统和动力转向系统。完全靠驾驶员手力操纵的转向系统称为机械转向系统。借助动力来操纵的转向系统称为动力转向系统。动力转向系统又可分为液压动力转向系统和电动助力动力转向系统。

三、汽车转向系统的组成

汽车转向系统一般由转向操纵机构和转向传动机构组成。

(1)转向操纵机构主要由转向器、转向盘、转向轴、转向管柱等组成。转向器将转向盘的转动变为转向摇臂的摆动或齿条轴的直线往复运动,并对转向操纵力进行放大。转向器固定在汽车车架或车身上,转向操纵力通过转向器后一般还会改变传动方向。

(2)转向传动机构的作用是将转向器输出的力和运动传给车轮(转向节),并使左右车轮按一定的关系进行偏转。

四、动力转向液油压对汽车转向系统的影响

如果最大油压不等,则齿条和齿轮总成有内部泄漏故障,应进行修理或更换。如果油压足够高,但读数差超过规定值,则说明动力转向油泵中阀门卡滞,应拆卸并清洗阀门。修理后,要再次检查油压,当油压正常时,可拆除油压表,将高压软管接回到动力转向油泵上。

在检查油压时,如果阀门完全打开后油压低于规定值,应更换流量控制阀,并重新对系统进行检查。如果油压读数仍然低,则应检查动力转向油泵转子和叶片是否磨损。如磨损超过许用值,应更换动力转向油泵,并冲洗动力转向系统。

五、汽车转向轮定位

为了保持汽车直线行驶的稳定性、转向的轻便性和减少轮胎与机件的磨损,转向车轮、转向节和前轴三者与车架安装时保持一定的相对位置或要求,这种具有一定相对位置的安装称为转向轮定位,也称前轮定位。前轮定位的内容包括:主销后倾、主销内倾、前轮外倾和前轮前束。

1.主销后倾

主轴装在前轴上后,在纵向平面内,其上端略向后端倾斜,这种现象称为主销后倾。在

纵向平面内,主销轴线与汽车支撑面垂线之间的夹角 γ 称为主销后倾角,如图 3-17 所示。

主销后倾的功用是形成回正力矩,保证汽车直线行驶的稳定性,并使汽车转向后回正操纵轻便。

2.主销内倾

主销安装在前轴上后,在汽车的横向平面内,其上端略向内倾斜,这种现象称为主销内倾。在横向垂直平面,主销轴线与垂线之间的夹角 β 称为主销内倾角。主销内倾角一般为 $6°\sim9°$,如图 3-18 所示。

主销内倾的作用是使前轮自动回正,转向轻便,并减小汽车行驶时路面通过车轮传给转向系统的冲击力。

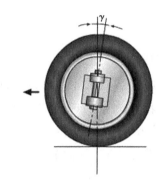

图 3-17 主销后倾角

图 3-18 主销内倾角

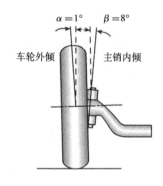

图 3-19 前轮外倾

3.前轮外倾

前轮外倾的作用在于提高了前轮工作的安全性和转向操纵的轻便性。前轮外倾如图 3-19 所示。前轮设置外倾角后,地面对前轮的反作用力沿前轮旋转轴线的分力将前轮压向转向节内侧,可防止汽车行驶中前轮向外脱出,同时地面反作用力的作用线更接近于转向节轴的根部,可以减小转向力,使转向操纵轻便灵活。如果前轮外倾角不正确,轮胎会出现单边磨损(吃胎)。如果外倾角过大,高速时车身晃动会加剧,转向发"飘",不易掌握。如果外倾角过小,将使转向太沉,回位不良。左右轮外倾角差值过大,会使汽车侧滑跑偏,轮胎磨损不匀。

转向轮安装在转向节上,其旋转平面的上端向外倾斜,这种现象称为转向车轮的外倾。车轮旋转平面与垂直于车辆支承面的纵向平面之间的夹角 α,称为外倾角。

4.前轮前束

前轮前束的功用是为了消除由于车轮外倾而引起的前轮"滚锥效应",保证车轮不向外滚动,防止车轮侧滑和减轻轮胎的异常磨损。若前束不当,会出现高速摆振和明显的单侧磨损。

汽车两个前轮安装后,俯视车轮,两个前轮的旋转平面并不完全平行,而是稍微带一些角度,这种现象称为前轮前束。在通过两前轮中心的水平面内(胎压符合要求),两前轮的前端距离 B,小于两前轮后端距离 A,其差值为 $(A-B)$,称为前轮前束值,如图 3-20 所示。前端小后端大像内八字一样的称为正前束,而后端小前端大像外八字一样的称为负前束。

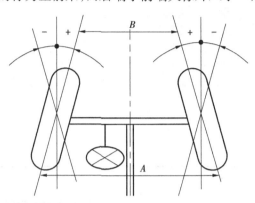

A—两前轮后端距离　　B—两前轮前端距离

图 3-20　前轮前束

【技能训练】

训练 1　转向系统的常规检查

一、准备工作

1.材料、工具、设备的准备

车内三件套、车外三件套、车轮挡块、常用工具一套。

2.事故预防措施

做转向系统的常规检查时应保证车辆举升可靠,同时要防止人在车下碰伤头部。

3.作业前的准备

(1)安装车内三件套,如图 3-21 所示。

(2)安装车外三件套,如图 3-22 所示。

图 3-21　安装车内三件套

图 3-22　安装车外三件套

（3）准备好工具并举升车辆，如图 3-23 所示。

图 3-23　准备好工具并举升车辆

二、执行保养

保养步骤	保养内容	图例
1	检查球头销是否松旷。要求转动灵活，发现松旷时应拆卸检查。	
2	检查转向横拉杆接头。主要检查锁止螺母是否松动，若松动则按扭矩紧固。	
3	检查润滑剂是否有泄漏。	

续表

保养步骤	保养内容	图例
4	检查防尘罩是否损坏。	
5	检查转向横拉杆、横拉杆接头、球头销是否有裂纹,若发现裂纹,则必须更换。	

三、检查工作质量

检查各连接处是否牢固。

四、结束工作

(1)收回车内三件套,并将其放入指定的垃圾箱内。

(2)检查地面是否有油污,清洁车身和场地。

(3)关闭发动机舱盖,清洁工具并归位。

(4)拉紧手制动,换挡杆置于停车挡,取下车外三件套,锁车。

训练2　车轮定位的检查、调整

一、准备工作

1.材料、工具、设备的准备

车内三件套、车外三件套、车轮挡块、常用工具一套、四轮定位仪一台。

2.事故预防措施

做车轮定位检查时应保证车辆举升可靠,防止车辆落下出现事故。

3.作业前的准备

安装车内三件套,安装车外三件套。

二、执行保养

保养步骤	保养内容	图例
1	定位前进行基本检查,车轮是否处于直线行驶位置,轮胎气压是否符合规定,车轮是否动平衡,悬架是否活动自如等,以满足定位检查条件。	
2	启动四轮定位仪,安装卡具及测试机头。	

保养步骤	保养内容	图例
3	前轮外倾角的检查与调整： （1）检查。利用四轮定位仪检查前轮外倾角。 （2）调整。调整前轮外倾角时车轮应着地，通过球头销在下摇臂长孔中的位移来调整。其步骤如下：松开下摇臂球头销的固定螺母；横向移动球头销，直至达到外倾角值；紧固螺母并再次检查外倾角值，需要时重新进行调整。必要时调整前束。	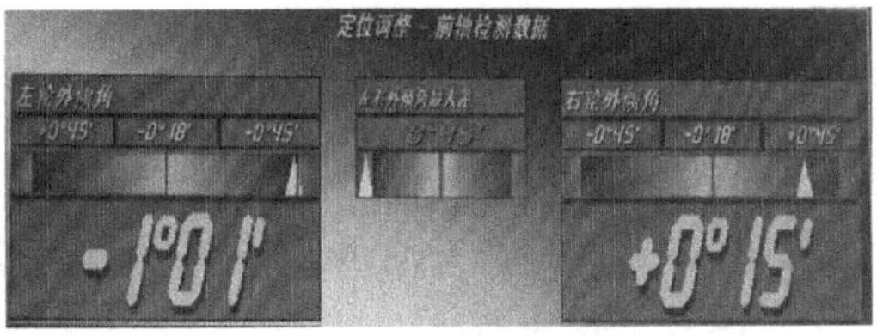
4	前轮前束的检查与调整： （1）轮胎按规定充足气压，轮毂轴承间隙调整到规定值，将车辆停放在水平路面上并处于直线行驶位置。 （2）在左右轮胎正前方的胎面中心或轮辋上画"+"记号，如右下图所示。用前束尺测出 B 值；转动车轮（或推动汽车）180°，将记号转到正后方测得 A 值；其差值 $A-B$ 即为前束值。该值如果不符合规定，应进行调整。例如桑塔纳 2000，调整时，松开横拉杆上的夹紧螺栓，用管钳转动横拉杆，使横拉杆两端的距离伸长或缩短；调整后拧紧夹紧弹簧。	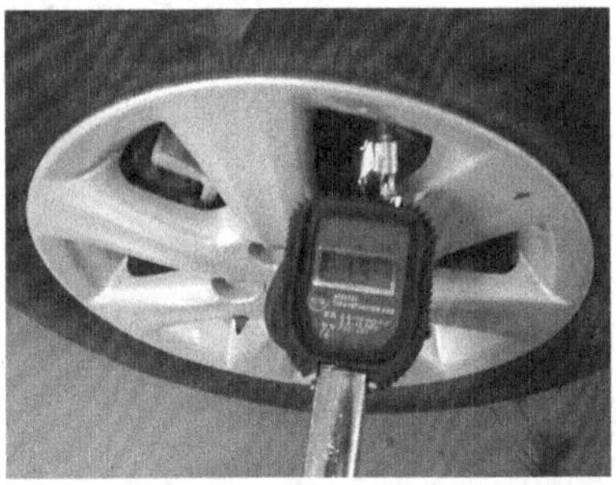  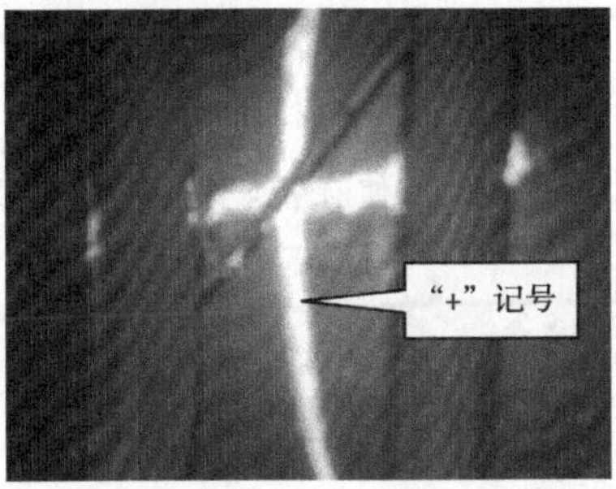 "+"记号

三、检查工作质量

（1）检查调整后的前轮前束是否正确。

（2）检查汽车行驶和制动时是否有跑偏现象。

四、结束工作

（1）收回车内三件套,并将其放入指定的垃圾箱内。

（2）检查地面是否有油污,清洁车身和场地。

（3）清洁工具并归位。

（4）拉紧手制动,换挡杆置于停车挡,取下车外三件套,锁车。

训练3 转向盘自由行程的检查

一、准备工作

1.材料、工具、设备的准备

车内三件套、车外三件套、车轮挡块、常用工具一套。

2.事故预防措施

做转向盘自由行程检查时应保证车辆固定可靠,防止车辆移动而出现事故。

3.作业前的准备

安装车内三件套,安装车外三件套。

二、执行保养

保养步骤	保养内容	图例
1	停放汽车,使前轮处于直线行驶位置。	

续表

保养步骤	保养内容	图例
2	将检查器刻度盘和指针分别夹持在转向轴管和转向盘上。向左或向右转动转向盘感到有阻力时,记住指针所在的位置,再反向转动转向盘感到有阻力时为止,指针在刻度盘上所扫过的角度,即为转向盘的自由行程。 在没有专用工具的情况下,可用简便方法确定转向盘自由行程,方法是:首先将汽车停在平直路面上,使前轮位于直线行驶位置,再用指尖向左右侧轻轻转动转向盘,在转向盘外周边缘上测量手感变重时的行程。	
3	记录测量值,并判断。转向盘自由行程应小于15°,若超过15°,则应对转向系操纵机构、转向器齿轮与齿条啮合间隙及转向传动机构进行全面检查和调整。	

三、检查工作质量

(1)检查转向是否过紧或过松。

(2)检查转向是否灵敏。

四、结束工作

(1)收回车内三件套,并将其放入指定的垃圾箱内。

(2)检查地面是否有油污,清洁车身和场地。

（3）关闭发动机舱盖,清洁工具并归位。

（4）拉紧手制动,换挡杆置于停车挡,取下车外三件套,锁车。

训练4　动力转向油的检查

一、准备工作

1.材料、工具、设备的准备

车内三件套、车外三件套、车轮挡块、常用工具一套、手电筒、动力转向液一瓶。

2.事故预防措施

检查动力转向时应保证车辆举升可靠,同时要防止人在车下碰伤头部。检查油压时应注意不要将动力转向油滴漏在地面上。

3.作业前的准备

（1）安装车内三件套。

（2）安装车外三件套。

（3）准备好工具并举升车辆。

二、执行保养

保养步骤	保养内容	图例
1	检查液压油油面的高度,检查时,观察储液罐上的油面高度指示器即可。油面高度指示器上有3个标记,分别为"HOT""COLD"和"ADD"。油面高度与油温有关,当油很热（油温约为66℃）时,油面高度应位于"HOT"与"COLD"标记之间;当油温约为21℃时,油面高度应位于"COLD"与"ADD"标记之间。当油面高度低于上述液位时,则需添加液压油,注意所加液压油必须与原液压油的规格相同,否则,应全部更换。	
2	检查动力转向系统的外泄漏。将可疑部位、各油管接头及密封处擦干。然后再查看是否有泄漏。有时滴液点不一定是系统泄漏点,这时应启动发动机,左右转动转向盘数次后再察看滴液点。为防止这种外部泄漏的发生,各油管接头必须拧紧,各压板、卡箍和油管支撑必须全都位于应处位置并被正确固定。	

续表

保养步骤	保养内容	图例
3	动力转向系统各管路的检查。检查动力转向系统的管路是否有扭曲、结节或硬弯现象。检查软管时,车轮应先处于正前方位置,然后将车轮向左和向右转到极限位置,同时察看软管的移动情况。如果软管与车辆其他部件有接触,会发生摩擦和磨损,应予以纠正。	
4	检查动力转向系统的油压。检查动力转向系统油压时,先在动力转向油泵和高压软管之间接入一只油压表,启动发动机,使系统达到正常的工作温度。然后检查液压油油面高度,如有必要,添加液压油至规定高度,接着观察油压表指示的油压。这时测得的油压应不低于规定值。如果油压高于此值则说明动力转向油泵出油软管可能堵塞。油泵最大输出油压的测试:完全关闭油压表阀门,记录关闭阀门时的最高油压(重复测量3次,每次不得超过5 s,否则会损坏动力转向油泵),如最高油压符合要求,且3次读数之差不超过规定值,说明动力转向油泵工作正常,否则动力转向油泵有故障。此时应打开阀门,在两个极限位置之间来回转动转向盘。记录当转向盘在两个极限位置时的最大油压。	

三、检查工作质量

检查动力转向是否轻便、灵活、可靠。

四、结束工作

(1)收回车内三件套,并将其放入指定的垃圾箱内。

(2)检查地面是否有油污,清洁车身和场地。

(3)关闭发动机舱盖,清洁工具并归位。

(4)拉紧手制动,换挡杆置于停车挡,取下车外三件套,锁车。

/任务 3.6/ 汽车制动系统的维护与保养

【相关知识】

制动系统能使行驶中的汽车按照驾驶员的要求进行强制减速甚至停车;使已停驶的汽车在各种道路条件下(包括在坡道上)稳定驻车;使下坡行驶的汽车速度保持稳定。频繁使用制动系统,会导致制动系统严重磨损、管路泄漏等,从而影响行车安全。

制动系统一般由行车制动和助车制动两部分组成;分气压式和液压式两种。

制动液可分为国产和进口两类:国产制动液根据其平衡回流沸点,可分为 JG0、JG1、JG2、JG3、JG4、JG5 六个质量等级,序号越大平衡回流沸点越高,高温抗气阻性越好,行车制动安全性越高;常用的进口制动液有 DOT-3、DOT-4 和 DOT-5 三种。

制动液的选用应遵循以下原则:

(1)不能混合使用制动液。

(2)应保持制动液的清洁。

(3)应防止制动液的吸潮。

(4)应定期更换制动液。

(5)注意检查制动液的温度。

(6)注意对液压制动系统的保护。

(7)制动液的更换周期一般为 2 年。

【技能训练】

训练 1 制动液及制动管路的检查

一、准备工作

1.材料、工具、设备的准备

车内三件套、车外三件套、车轮挡块、常用工具一套、手电筒。

2.事故预防措施

检查制动液及管路的时候应保证车辆举升可靠,防止车辆落下出现事故。

3.作业前的准备

安装车内三件套及车外三件套,打开发动机舱盖。

二、执行保养

保养步骤	保养内容	图例
1	液面高度的检查。制动液液面高度的检查,通过目视的方法检查,液面应在MAX 和 min 标记线之间,若液面处于min 标记线以下,应打开储液罐盖,补充制动液到合适位置。 在操作过程中,若因不小心,有制动液洒落的情况,应及时清洁。	
2	举升车辆到一定高度。	
3	管路泄漏的检查,通过目视的方法检查,主要是检查制动总泵及油管接头等部位是否有制动液的泄漏痕迹。	

三、检查工作质量

检查制动液量是否合适。

四、结束工作

（1）收回车内三件套，并将其放入指定的垃圾箱内。
（2）检查地面是否有油污，清洁车身和场地。
（3）关闭发动机舱盖，清洁工具并归位。
（4）拉紧手制动，换挡杆置于停车挡，取下车外三件套，锁车。

训练2　制动踏板的检查

一、准备工作

1.材料、工具、设备的准备
车内三件套、车外三件套、车轮挡块、常用工具一套、钢直尺。
2.事故预防措施
检查制动液及管路的时候应保证车辆举升可靠，防止车辆落下出现事故。
3.作业前的准备
安装车内三件套及车外三件套，打开发动机舱盖。

二、执行保养

保养步骤	保养内容	图例
1	测量制动踏板高度。使用一把直尺测量制动踏板高度。如果超出规定范围，调整踏板高度（威驰：124.3～134.3mm；夏利：176～181mm）。提示：测量从地面到制动踏板上表面的距离。如果必须要从地毯表面开始测量，则从标准值中扣除地毯的厚度，或者地毯和沥青纸毡的厚度。	
2	测量制动踏板自由行程。发动机停止后，踩下制动踏板几次（对于配备了液压制动助力器的车辆，至少要踩下制动踏板40次），以便解除制动助力器。然后测量制动踏板高度，用手指轻轻按压制动踏板，感觉有阻力时用直尺测量踏板高度的变化值，即为制动踏板的自由行程，如右图所示（威驰：1～6mm；夏利：3～7mm）。	

续表

保养步骤	保养内容	图例
3	制动助力器密封性的检查: (1)发动机启动运转 1 min 后熄火,按照紧急制动方式以 5 s 的间隔踩制动踏板,踏板应一次比一次高。 (2)发动机启动运转 1 min 后,踩下制动踏板数次,并在踏板的最低位置保持踏板不动,此时将发动机熄火,在之后的 30 s 内制动踏板高度应保持不变(无回弹)。 二号工位:制动助力器助力功能的检查: 发动机熄火后,踩下制动踏板数次,并在踏板的最低位置保持踏板不动,此时启动发动机,制动踏板应稍有下沉(但不应过大),表明制动助力器有助力作用。	

三、检查工作质量

检查汽车制动是否符合要求。

四、结束工作

(1)收回车内三件套,并将其放入指定的垃圾箱内。

(2)检查地面是否有油污,清洁车身和场地。

(3)关闭发动机舱盖,清洁工具并归位。

(4)拉紧手制动,换挡杆置于停车挡,取下车外三件套,锁车。

训练 3　制动液的更换与制动系统排空

一、准备工作

1.材料、工具、设备的准备

车内三件套、车外三件套、车轮挡块、常用工具一套、四轮定位仪一台。

2.事故预防措施

更换制动液及管路排气的时候应保证车辆举升可靠,防止车辆落下出现事故。同时要注意拧紧放气螺钉。

3.作业前的准备

安装车内三件套及车外三件套,打开发动机舱盖。

二、执行保养

保养步骤	保养内容	图例
1	升起汽车(高度以方便往储液罐内加油为宜),并拆下四个轮胎。	
2	启动发动机并保持其怠速运转(非真空助力式的制动系统,无须启动发动机)。	
3	在车轮制动器分泵放气螺钉外端套上一根透明塑料管,另一端放入装制动液的容器内。	
4	连续踩下制动踏板数次(每次踩到底且放到最高位置)后,踩下制动踏板,拧松制动分泵上的放油螺栓,待油出来后迅速拧紧放气螺栓。	

三、检查工作质量

（1）检查制动液是否添加合适。

（2）检查汽车制动是否符合要求。

四、结束工作

（1）收回车内三件套，并将其放入指定的垃圾箱内。

（2）检查地面是否有油污，清洁车身和场地。

（3）关闭发动机舱盖，清洁工具并归位。

（4）拉紧手制动，换挡杆置于停车挡，取下车外三件套，锁车。

项目四 | 电气系统的维护与保养

汽车电气系统是汽车的重要组成部分。随着电子技术在汽车上的应用日益广泛,其在解决汽车能源、安全、污染等方面也起着越来越重要的作用。因此,汽车电气系统的维护是汽车运用与维修专业学生的基本学习项目之一。

【学习目标】

(1)掌握蓄电池的维护内容及方法。
(2)掌握电动车窗的维护内容及方法。
(3)学会灯光及信号装置的更换方法。
(4)掌握刮水器的维护内容及方法。
(5)掌握空调系统的维护内容及方法。

【学习任务】

(1)蓄电池的维护。
(2)电动车窗及天窗的维护。
(3)灯光、信号装置的维护。
(4)刮水器和风窗玻璃洗涤器的维护。

/任务 4.1/ 电源及起动系统的维护

【相关知识】

蓄电池是汽车必不可少的一部分。在启动发动机时,蓄电池能给起动机提供强大的启动电流,可以协助发电机向用电设备供电。当发动机处于怠速时,蓄电池可向用电设备供电。蓄电池还是一个大容量电容器,可以保护汽车的用电器。当发电机端电压高于蓄电池的电动势时,就会将一部分电能转变为化学能储存起来,也就是进行充电。蓄电池的设计使用寿命是 27 个月,一般家庭用车比较省,新车的电池很多能用 3~4 年,不过更换过一次以后,一般两年左右一定要再次进行更换。

电源系统的维护

(一)蓄电池的维护

在汽车的日常使用中,蓄电池是汽车电气设备中最重要的部件之一。其性能的好坏将直接影响车辆的正常运行。因此在使用和更换过程中,都必须采用正确的维护方法。

1.蓄电池的功用

(1)在发动机启动时,为起动系统和其他电气设备(包括发电机的激磁绕组)供电。

(2)由于各种原因(如停车、发电机转速较低、发电机超载、发电机故障等)造成发电机停止工作或输出电压低于蓄电池电压时,为电气设备供电。

(3)吸收电路中产生的过电压,稳定电网电压,保护电子元器件。

2.蓄电池的基本要求

在发动机启动时,蓄电池必须能给起动系统提供 $200\sim600$ A 的电流(有的柴油发动机最大启动电流超过 $1\,000$ A),并且要能持续一定的时间(一般要求 $5\sim10$ s 以上);在发电机发生故障不能发电时,蓄电池的容量应能维持车辆行驶一定的时间。所以,要求汽车用蓄电池有尽可能小的内阻和足够的容量。

3.蓄电池的结构

蓄电池由极板、隔板、电解液和外壳等组成。极板分为正极板和负极板两种。将涂上铅膏后的生极板先经热风干燥,再放入稀硫酸中进行充电便得到正极板和负极板。正极板上的活性物质为二氧化铅(PbO_2),呈深棕色;负极板上的活性物质为海绵状纯铅(Pb),呈深灰色。

(二)蓄电池的使用注意事项及日常维护

1.蓄电池的使用注意事项

使用蓄电池时,应尽量避免以下五个问题:

(1)长时间过充电或充电电流过大。

(2)过度放电。

(3)电解液液面过低或过高。

(4)电解液密度过高。

(5)电解液内混入杂质。

2.蓄电池的日常维护

(1)及时充电。放完电的蓄电池应在 24 h 内送到充电室充电;蓄电池每隔两个月至少应补充充电一次。蓄电池出现以下情况时应进行充电:电解液密度降至 1.2 g/cm³ 以下;冬季放电超过 25%;夏季放电超过 50%;灯光暗淡;启动无力等。虽然快速充电可以节省时间,一般为 $3\sim5$ h,但是快速充电只能迅速把电池表面激活,而实际上电池内部没有完全充满电。所以蓄电池最好采用慢充电的方法进行,充电时间为 $10\sim15$ h,特别是对于亏电严重的蓄电池,必须进行慢充电,否则会直接影响蓄电池的性能。

充电操作注意事项：

①向铅酸电池充电时，要穿上保护衣。

②充电时，蓄电池附近禁止烟火。

③充电器电压不能超过 16 V。

（2）不能连续使用起动机。每次启动的时间不得超过 5 s，如果未能一次启动发动机，应休息 15 s 以上再进行第二次启动，连续三次启动不成功，应查明原因，排除故障后再启动发动机。

（3）应经常清除蓄电池表面的灰尘污物，保持蓄电池表面清洁、干燥。

（三）蓄电池的维护要求

1.酸性蓄电池的维护要求

①一般应七天左右检查一次蓄电池的电压、电解液高度及密度。若低于规定值应及时补充蒸馏水、进行充电等。

②对于使用时间较少的蓄电池，每月应至少检查一次，并进行补充充电。

③蓄电池表面应每三个月进行一次彻底清洁，清洁时先用干净布擦除接头处的氧化物，然后再涂上牛油或凡士林，防止氧化。

2.碱性蓄电池的维护要求

①每 15 天检查一次电压、电解液密度及高度。若低于规定值，必须补充蒸馏水，进行补充充电。

②每两个月检查一次蓄电池螺钉塞。

③每六个月要彻底清洁一次蓄电池的外表面，如有锈蚀，应用煤油擦光，再涂上一层无酸凡士林。

3.蓄电池维护注意事项

①注意保持蓄电池表面清洁，在上面不要有油渍污垢，绝不允许在上面放置金属工具、物品，以防短路而损坏蓄电池。

②保持极柱、夹头和铁质提手等处的清洁，如出现电腐蚀或氧化物等，应及时擦拭干净，以保证导电的可靠性。平时应将这些零件表面涂上凡士林以防止锈蚀。

③平时注意盖好注液孔的上盖，以防汽车行驶时电解液溢出。必须保持通气孔畅通。

【技能训练】

训练 1　蓄电池的常规检查

一、准备工作

1.材料、工具、量具、设备的准备

车内三件套、车外三件套、车轮挡块、尾气排放装置、万用表一块。

2.事故预防措施

检查蓄电池的时候要防止电解液溅入眼睛,如不慎溅入眼睛,应立即用大量清水冲洗,必要时应及时送医院。同时还要防止电解液溅到皮肤上,如不慎溅到皮肤上,应立即用大量清水冲洗。

3.作业前的准备

安装车轮挡块如图4-1所示,固定住车辆以防止车辆自行移动。安装尾气排放装置如图4-2所示,以防发动机启动时污染室内空气。

图4-1　安装车轮挡块　　　　　　　　图4-2　安装尾气排放装置

打开车门,安装车内三件套,以保持车内整洁干净。拉起发动机舱盖开关,打开发动机舱盖,安装车外三件套。

二、执行保养

保养步骤	保养内容	图例
1	目视检查蓄电池外壳,应该没有裂纹和损坏。	
2	检查蓄电池端子导线连接是否有松动现象,如有松动现象,应进行紧固处理。紧固正极极柱时,严禁扳手与车身金属相碰。	

续表

保养步骤	保养内容	图例
3	检查蓄电池通风孔及通风孔塞,通风孔是否堵塞,通风孔塞是否有损坏。如果通风孔堵塞,则应进行疏通处理;如果通风孔塞损坏,则应更换。	
4	检查蓄电池电压,应该在 12 V 左右,用万用表进行检查,检查前应先校正万用表。	
5	目视检查电解液液位,应该在 Max 线和 min 线之间。	
6	启动发动机,怠速运转。	
7	用万用表检查蓄电池的充电电压,应该在 14 V 左右。	
8	关闭发动机,关闭点火开关。	

保养步骤	保养内容	图例
9	用光学仪检查蓄电池电解液比重。先用蒸馏水校正光学仪,看是否在零位,否则进行调整。然后用吸管吸一小滴电解液放在测量端部,从观察窗口读数应该为 1.26~1.30。	
10	记录结果,并分析读数是否符合要求。	

三、检查工作质量

检查蓄电池是否清洁,连线是否牢固。

四、结束工作

(1)收起车外三件套并清洁工具、车身。

(2)收起车内三件套,并清洁恢复场地。

训练2　蓄电池的更换

一、准备工作

1.材料、工具、设备的准备

车内三件套、车外三件套、车轮挡块、尾气排放装置、备用蓄电池一个。

2.事故预防措施

检查蓄电池的时候要防止电解液溅入眼睛,如不慎入眼应用大量清水冲洗,必要时应及时送医院。同时还要防止电解液溅到皮肤上,如不慎溅到皮肤上应用大量清水冲洗。

3.作业前的准备

安装车轮挡块,固定住车辆以防止车辆自行移动。安装尾气排放装置,以防发动机启动时污染室内空气。

打开车门,安装车内三件套,以保持车内整洁干净。拉起发动机舱盖开关,安装车外三件套。

二、执行保养

保养步骤	保养内容	图例
1	关闭汽车上所有设备的电源。	
2	准备备用蓄电池和要更换的新蓄电池。	
3	连接备用蓄电池。	
4	拆下旧蓄电池。	
5	清洁新蓄电池的端柱和连线接头。	

续表

保养步骤	保养内容	图例
6	安装固定新蓄电池。连接新蓄电池连线。	
7	取下备用蓄电池。	
8	打开点火开关确认新蓄电池的性能。	

三、检查工作质量

检查新蓄电池连线是否牢固。启动发动机,检查发动机能否正常启动。

四、结束工作

(1)收起车外三件套并清洁工具、车身。

(2)收起车内三件套,并清洁恢复场地。

训练3　蓄电池的补充充电

一、准备工作

1.材料、工具、设备的准备

车内三件套、车外三件套、常用工具一套、车轮挡块、尾气排放装置、备用蓄电池一个、蓄电池快速充电机一台。

2.事故预防措施

检查蓄电池的时候要防止电解液溅入眼睛,如不慎溅入眼睛,应立即用大量清水冲洗,必要时应及时送医院。同时还要防止电解液溅到皮肤上,如不慎溅到皮肤上,应立即用大量清水冲洗。

3.作业前的准备

安装车轮挡块,固定住车辆以防止车辆自行移动。安装尾气排放装置,以防发动机启动时污染室内空气。

打开车门,安装车内三件套,以保持车内整洁干净。拉起发动机舱盖开关,安装车外三件套。

二、执行保养

保养步骤	保养内容	图例
1	关闭汽车上所有设备的电源。	
2	准备备用蓄电池和要更换的新蓄电池。	
3	连接备用蓄电池。	
4	拆下原车蓄电池。	
5	清洁蓄电池的端柱和连线接头。	
6	连接充电机和蓄电池并开始充电。	
7	安装充好电的原车蓄电池。	
8	连接原车蓄电池连线。	
9	取下备用蓄电池。	
10	打开点火开关确认蓄电池的性能。	

三、检查工作质量

检查蓄电池连线是否牢固。启动发动机,检查发动机能否正常启动。

四、结束工作

（1）收起车外三件套并清洁工具、车身。

（2）收起车内三件套，并清洁恢复场地。

训练 4　起动机的维护

一、准备工作

1.材料、工具、设备的准备

车内三件套、车外三件套、车轮挡块、常用工具一套。

2.事故预防措施

检查起动机的时候要防止起动机的主电源正搭铁，以免损伤电气系统。

3.作业前的准备

安装车轮挡块，固定住车辆以防止车辆自行移动。安装尾气排放装置，以防发动机启动时污染室内空气。

打开车门，安装车内三件套，以保持车内整洁干净。拉起发动机舱盖开关，安装车外三件套。

二、执行保养

保养步骤	保养内容	图例
1	关闭汽车上所有设备的电源。	
2	检查起动机固定螺栓，如有松动应拧紧，其拧紧力矩为 60 N·m。	
3	检查各连接头是否干燥与紧固，电线是否有损坏，如有松动应拧紧，如有损坏应修复或更换。	

续表

保养步骤	保养内容	图例
4	清洁套管与齿轮间的油污,清洁干净后加入少量机油。	
5	检查启动小齿轮与飞轮啮合情况,如不能完全啮合,应修理起动机。	
6	检查起动机能否迅速退出啮合,如不能则应更换单向离合器。	

三、检查工作质量

检查起动机连线是否牢固。启动起动机,检查起动机能否正常启动。

四、结束工作

(1)收起车外三件套并清洁工具、车身。

(2)收起车内三件套并清洁恢复场地。

/任务 4.2 / 灯光、信号装置的维护与保养

【相关知识】

汽车上的灯光有信号灯、雾灯、夜行照明灯等,各种灯光都有不同的用途,使用很讲究,既不可乱用也不可不用。对于灯光的使用,国家都有明确和详细的规定。汽车灯光在使用过程中,因为容易出现电路短路、断路及灯泡和壳体损坏、各种开关失效等现象,所以需要对其进行检查、更换等维护。

一、汽车灯具的分类

汽车灯具按其用途可分为外部照明、内部照明和灯光信号装置三大类。

(1)外部照明。

外部照明又称为外照灯,主要有前照灯、后照灯、前侧灯、雾灯、牌照灯、组合式前照灯、小灯等。

(2)内部照明。

内部照明装置包括顶灯、仪表灯、工作灯、指示灯、车厢灯、车门灯等。

(3)灯光信号装置。

灯光信号装置包括前转向灯、后转向灯、倒车灯、制动灯、后尾灯、组合式前信号灯、组合式后信号灯等。

二、汽车灯光信号装置的组成

汽车上的灯光除用于照明外,还有一些信号灯,在汽车行驶中用于提示其他车辆或行人。

(1)转向信号灯:又称为方向指示灯(简称转向灯):它安装在汽车的前、后、左、右四角,有独立式、一灯两用式和组合式。转向信号灯的作用是在汽车行驶转弯时,发出明暗交替的闪光信号,使前后车辆、行人等知道其行驶方向。

(2)转向指示灯:安装在仪表板上,是标志汽车转向并指示转向灯工作情况的灯具,它与转向信号灯并联,并一起工作。

(3)危急报警信号灯:在紧急情况下能发出闪光报警信号。通常由转向灯兼任,这种情况下,前后左右转向灯同时点亮。它受危急报警开关和闪光器控制。

(4)尾灯:夜间行车时向后方表示汽车存在的灯具。

(5)制动灯:又称为制动信号灯,俗称"刹车灯",均安装在汽车后面,多采用组合式灯具。其用途是在汽车制动或减速行驶时,向车后发出灯光信号,以警示尾随的车辆或行人。

制动灯法定为红色,其灯泡功率一般为20~40 W,制动灯开关与制动踏板相连,只要制动,灯就会亮,其受制动开关控制。

(6)门灯:指示车门关闭状况的信号灯,通常受控于门轴处的控制开关。

(7)倒车灯:用于倒车时照亮车辆后面的环境,警示车后的行人和车辆注意避让。

前照灯的位置对于行车的安全十分重要。需要用专用设备进行调整。其中一个调整螺钉用于垂直方向的调整,如图4-3所示,顺时针转动调整螺钉,光束下移,反之光束上移;而另一个调整螺钉用于横向方向的调整,转动调整螺钉,光束可以左右移动,如图4-4所示。

调整前照灯位置时,汽车的轮胎气压应符合标准,汽车应处于整车整备质量,随车工具齐备,并加上75 kg的配重。前照灯的调整应以近光灯丝的配光性为主。

图4-3　垂直方向调整螺钉　　　　　　图4-4　横向方向调整螺钉

【技能训练】

训练1　前照灯的调整

一、准备工作

1.材料、工具、设备的准备

车内三件套、车外三件套、车轮挡块、尾气排放装置、常用工具一套、校验屏幕一张。

2.事故预防措施

调整前照灯时注意不要损伤漆面和灯具的玻璃配光镜。

3.作业前的准备

将汽车停放在水平地面上。安装车轮挡块,固定住车辆以防止车辆自行移动。安装尾气排放装置,以防发动机启动时污染室内空气。

打开车门,安装车内三件套,以保持车内整洁干净。拉起发动机舱盖开关,安装车外三件套。

二、执行保养

保养步骤	保养内容	图例
1	检查轮胎气压。轮胎气压应该达到车辆所要求的规定值,一般在左前车门上都有轮胎的气压标准标识牌,按照此标准进行检查,不符合规定的应校正。	
2	放置质量为 75 kg 的配重或在驾驶员座椅上乘坐一人。	
3	安装校验屏幕。	
4	检查校验屏幕与汽车纵轴线的垂直度,且校验屏幕与汽车的距离,其距离为 10 m。	
5	打开前照灯开关。	

续表

保养步骤	保养内容	图例
6	观察前照灯的灯光位置。	
7	用挡板遮住其中一个前照灯。	
8	调整另一个前照灯的调整螺钉。	

三、检查工作质量

检查前照灯连线是否牢固。灯光是否正常。

四、结束工作

(1)清洁汽车,回收车内三件套;收好车外三件套,关好发动机舱盖。

(2)清洁并整理作业场地。

训练 2　前照灯的更换

一、准备工作

1.材料、工具、设备的准备

车内三件套、车外三件套、车轮挡块、常用工具一套。

2.事故预防措施

更换前照灯时注意不要损伤漆面和灯具的玻璃配光镜。

3.作业前的准备

将汽车停放在水平地面上。安装车轮挡块,固定住车辆以防止车辆自行移动。安装尾气排放装置,以防发动机启动时污染室内空气。

打开车门,安装车内三件套,以保持车内整洁干净。拉起发动机舱盖开关,安装车外三件套。

二、执行保养

保养步骤	保养内容	图例
1	关闭点火开关。	
2	拧下前照灯固定螺栓。	
3	分离导线连接器。	
4	拆卸防尘盖。	

续表

保养步骤	保养内容	图例
5	按下安全弹簧,拆下前照灯的灯泡。	
6	安装新灯泡。	
7	安装防尘盖。	

保养步骤	保养内容	图例
8	连接导线连接器。	
9	拧紧前照灯固定螺栓。	

三、检查工作质量

检查前照灯连线是否牢固,灯光是否正常。

四、结束工作

(1)清洁汽车,回收车内三件套;收好车外三件套,关好发动机舱盖。

(2)清洁并整理作业场地。

训练3　前转向灯的更换

一、准备工作

1.材料、工具、设备的准备

车内三件套、车外三件套、车轮挡块、常用工具一套。

2.事故预防措施

更换前转向灯时注意不要损伤漆面和灯具的玻璃配光镜。

3.作业前的准备

将汽车停放在水平地面上。安装车轮挡块,固定住车辆以防止车辆自行移动。安装尾气排放装置,以防发动机启动时污染室内空气。

打开车门,安装车内三件套,以保持车内整洁干净。拉起发动机舱盖开关,安装车外三件套。

二、执行保养

保养步骤	保养内容	图例
1	关闭点火开关。	

续表

保养步骤	保养内容	图例
2	拧下转向灯罩的固定螺栓,取出灯座。操作方法:用平口起子把转向灯罩从螺丝钉孔一侧向前撬开,将灯座向左旋。	
3	准备新灯泡。	
4	向灯座中推压坏灯泡,左旋拉出坏灯泡。	
5	取下坏灯泡。	
6	装入新灯泡,向右旋将其卡死。	
7	装上灯座向右旋,卡住灯座,装好转向灯罩。	

三、检查工作质量

检查前转向灯连线是否牢固,灯光是否正常。

四、结束工作

（1）清洁汽车，回收车内三件套；收好车外三件套，关好发动机舱盖。

（2）清洁并整理作业场地。

╱ 任务 4.3 ╱　空调系统的维护

【相关知识】

空调即空气调节，它是指在封闭的空间内，对温度、相对湿度和空气的清洁度进行调节。长期使用空调使冷凝器、蒸发器等表面出现大量灰尘和污垢，造成空调系统堵塞、泄漏、传动带打滑、开关故障等，从而影响发动机的正常工作。因此，想要有一个凉爽舒适的车内空间，不仅需要质量上乘的空调，正确地使用空调和对空调进行认真的维护和保养是十分必要的。

一、空调保养的作用

1.预防得空调病

长期在汽车空调环境下，因空气不流通，车内空气污染较为严重，会出现鼻塞、头晕、打喷嚏、耳鸣、乏力、记忆力减退等症状，甚至会导致与皮肤过敏特征相关的症状。这些现象被称为"空调病"。

2.延长空调使用寿命

空调使用一段时间后，冷凝器、蒸发器表面会积聚大量灰尘及污垢，造成气流堵塞，致使制冷效果下降，增加汽车油耗和噪声，严重时可能造成压缩机损坏，增大故障率。减少空调的使用寿命。而且还会产生异味，滋生细菌，螨虫等，危害人们的身体健康。

3.减少汽车油耗

空调在多次工作后，冷凝器、蒸发器表面会积聚大量灰尘及污垢，并堵塞散热片之间的微小空隙，影响散热片的散热，从而导致冷凝器压力升高，压缩机电流增大，运行时间成倍延长，耗油量显著增加。

二、空调保养的内容

保养空调最重要的是清洗。及时地对冷凝器、蒸发器表面灰尘和积垢进行清理，不仅增强制冷效果，而且还能保护管道，减少各器件的消耗。由于冷凝器安装在车辆最前面，所以脏堵现象比较严重，如果直接用高压水仅能冲去浮土，只有把冷凝器取下来，反向吹洗方能除净。而蒸发器的脏堵情况会相对较轻，但由于内循环时灰尘会附着在蒸发器表面，蒸发器内混入冷凝水变成胶泥,既影响风量又影响换热效果。所以一般原装空调的蒸发器至少每3~4年要拆下彻底清洗。

空调要及时检查有无漏氟现象,一般3年左右补氟一次,但是不可盲目加氟,一定要先检查,如确实缺氟,才适量添加。

使用季节结束后摘掉压缩机上的皮带,这种做法对汽车空调有一定的损害,如果压缩机内的低温润滑油长期停滞,可能造成压缩机内部生锈。所以无论空调使用与否,都应该保持每星期开启一次,每次运转5~10 min。如担心燃油消耗,可以把皮带松弛一些,到下一个使用季节再张紧。

【技能训练】

训练 1　空调的日常维护

一、准备工作

1.材料、工具、设备的准备

车内三件套、车外三件套、车轮挡块、常用工具一套、检漏仪一套。

2.事故预防措施

进行空调日常维护时,检查皮带松紧度时注意不要将手夹在皮带与带轮之间,以防夹伤手指。

3.作业前的准备

将汽车停放在水平地面上。安装车轮挡块,固定住车辆以防止车辆自行移动。安装尾气排放装置,以防发动机启动时污染室内空气。

打开车门,安装车内三件套,以保持车内整洁干净。拉起发动机舱盖开关,安装车外三件套。

二、执行保养

保养步骤	保养内容	图例
1	启动发动机,启动空调,让压缩机运转5 min。	

续表

保养步骤	保养内容	图例
2	从窥视孔观察制冷剂的气泡是否正常,如果气泡过少则应添加相应的制冷剂。	
3	检查风机和压缩机皮带的松紧度和皮带质量,用大拇指的力按下皮带中点,其松紧度应在 8~10 mm 为宜,过松则应进行调整。如皮带龟裂或帘线外露,应更换皮带。	
4	用检漏仪检查各管路是否有泄漏,如有泄漏应立即进行维修,检查各紧固件不应有松动。	

三、检查工作质量

检查发动机舱是否清洁干净,有无工具落在舱内。

四、结束工作

(1)清洁汽车,回收车内三件套;收好车外三件套,关好发动机舱盖。

(2)清洁并整理作业场地。

训练2 使用季前的检查维护

一、准备工作

1. 材料、工具、量具、设备的准备

车内三件套、车外三件套、车轮挡块、常用工具一套、检漏仪一套、温度计一个。

2. 事故预防措施

进行空调日常维护时,检查皮带松紧度时注意不要将手夹在皮带与带轮之间,以防夹伤手指。

3. 作业前的准备

将汽车停放在水平地面上。安装车轮挡块,固定住车辆以防止车辆自行移动。安装尾气排放装置,以防发动机启动时污染室内空气。

打开车门,安装车内三件套,以保持车内整洁干净。拉起发动机舱盖开关,安装车外三件套。

二、执行保养

保养步骤	保养内容	图例
1	用压缩空气吹去冷凝器表面的灰尘,如积尘太多应先进行清洗,然后用压缩空气吹干。	
2	用压缩空气吹去蒸发器表面的灰尘。	
3	检查开关和控制元件的性能是否可靠。	

续表

保养步骤	保养内容	图例
4	用检漏仪检查各管路是否有泄漏,检查各紧固件。	
5	从窥视孔观察制冷剂的气泡是否正常,过少则应添加相应的制冷剂。	
6	检查风机和压缩机皮带的松紧度和皮带质量。	

续表

保养步骤	保养内容	图例
7	先启动发动机,再启动空调,让压缩机运转 5 min。	
8	用温度计检测制冷效果。	

三、检查工作质量

检查空调运转是否正常,出风口空气有无异味。

四、结束工作

(1)清洁汽车,回收车内三件套;收好车外三件套,关好发动机舱盖。

(2)清洁并整理作业场地。

训练 3 使用季节结束后的检查维护

一、准备工作

1.材料、工具、量具、设备的准备

车内三件套、车外三件套、车轮挡块、常用工具一套、检漏仪一套、温度计一个。

2.事故预防措施

进行空调日常维护时,检查皮带松紧度时注意不要将手夹在皮带与带轮之间,以防夹伤手指。

3.作业前的准备

将汽车停放在水平地面上。安装车轮挡块,固定住车辆以防止车辆自行移动。安装尾气排放装置,以防发动机启动时污染室内空气。

打开车门,安装车内三件套,以保持车内整洁干净。拉起发动机舱盖开关,安装车外三件套。

二、执行保养

保养步骤	保养内容	图例
1	用检漏仪检查各管路是否有泄漏。	
2	检查电磁离合器的轴承是否有松动,听轴承是否有异响。	
3	稍微松开压缩机皮带。注意:严禁在使用结束后,拆下空调压缩机皮带。(有些汽车发动机的空调压缩机与发电机共用一根皮带)	
4	检查压缩机的润滑油油量,必要时应进行补充。	

三、检查工作质量

检查发动机舱是否清洁干净,有无工具落在舱内。

四、结束工作

(1)清洁汽车,回收车内三件套;收好车外三件套,关好发动机舱盖。

(2)清洁并整理作业场地。

/任务 4.4/ 刮水器和风窗玻璃洗涤器的维护

【相关知识】

空气中的灰尘及车辆尾气排出的油污等微小物质均会附着在风窗玻璃和刮片上,增加刮刷时的摩擦力。同时,若"刮舌"表面附着大量灰尘,还会降低其弹性,影响使用寿命。当车窗玻璃干燥或有积雪、冰块、泥浆块等障碍物时,如果使用刮水器,会损坏刮水器片、刮水电动机和玻璃等。

一、刮水器的结构

刮水器有气压式、电动式等,但多数采用电动式。电动机旋转,带动蜗杆蜗轮减速机构,使与蜗轮轴相连的摇臂带着两侧拉杆做往复运动,拉杆则通过摆杆带着左、右刷架作往复摆动,安装在刷架上的橡皮刷即可刷去风窗玻璃上的雨水、雪和灰尘。

刮水电动机按其磁场结构来分,有线绕式和永磁式两种。后者具有体积小、质量小、构造简单等优点,因此目前在国内外汽车上被广泛采用。刮水电动机一般有高、低两种工作速度。

二、风窗玻璃洗涤器的构造

为了及时消除风窗玻璃上的尘土和污物,使驾驶员有良好的视线,汽车上还装有风窗玻璃洗涤器。例如,桑塔纳轿车的风窗玻璃洗涤器结构,由储液箱、洗涤泵、软管与喷嘴等组成。储液箱由塑料制成,其内装有洗涤液。

三、刮水器维护注意事项

序号	内容	图例
1	注意刮片不可用汽油清洗和浸泡,否则会造成刮片变形。	
2	检查刮水器工作情况时,应先用水润湿挡风玻璃,否则会刮伤玻璃、损伤刮片,甚至烧坏电动机。打开刮水器开关后,应注意电动机有无异响,如刮水器电动机响而水刮不转动,应立即关闭刮水器开关,以防烧坏刮水器电动机。	
3	在关闭刮水器开关后,刮水器刮片应回到挡风玻璃下侧位置。如果不能回到挡风玻璃的下侧,应进行调整。调整时转动自动停止器的盖。顺时针转动,停止位置缩短;逆时针转动,则停止位置延长。	

续表

序号	内容	图例
4	冬季使用刮水器时,若其刮片被冰冻住或被雪团卡住,应立即关闭开关,清除冰块或雪团后才可以继续使用。	
5	不要随意分解电动机。	

【技能训练】

训练 1   刮水器的保养和维护

一、准备工作

1.材料、工具、设备的准备

车内三件套、车外三件套、车轮挡块、常用工具一套。

2.事故预防措施

进行刮水器的保养和维护时,不能刮花前风窗玻璃和刮水器骨架。

3.作业前的准备

将汽车停放在水平地面上。安装车轮挡块,固定住车辆以防止车辆自行移动。安装尾气排放装置,以防发动机启动时污染室内空气。

打开车门,安装车内三件套,以保持车内整洁干净。拉起发动机舱盖开关,安装车外三件套。

二、执行保养

保养步骤	保养内容	图例
1	打开点火开关,打开刮水器开关。	

续表

保养步骤	保养内容	图例
2	观察刮水器的工作情况和磨损状况，如刮水器的工作不好或磨损严重，应进行更换。	
3	在更换刮水器片时，压下分离弹簧夹并拔出刮水器片。在拆卸刮水器臂时，先把刮水器片向外翻，然后提起刮水器盖，从操纵臂上将其折下，再按照原来的角度安装新的刮水器臂。	

三、检查工作质量

检查刮水器是否能正常工作，同时检查刮水器能否刮净风窗玻璃。

四、结束工作

（1）清洁汽车，回收车内三件套；收好车外三件套，关好发动机舱盖。

（2）清洁并整理作业场地。

训练 2　刮水器片的更换

一、准备工作

1.材料、工具、设备的准备

车内三件套、车外三件套、车轮挡块、常用工具一套。

2.事故预防措施

进行刮水器的保养和维护时，不能刮花前风窗玻璃和刮水器骨架。

3.作业前的准备

将汽车停放在水平地面上。安装车轮挡块，固定住车辆以防止车辆自行移动。安装尾气排放装置，以防发动机启动时污染室内空气。

打开车门，安装车内三件套，以保持车内整洁干净。拉起发动机舱盖开关，安装车外三件套。

二、执行保养

保养步骤	保养内容	图例
1	竖起刮水器臂。	
2	从刮水器片固定装置上分离刮水器片。 其操作方法如下：一只手抓住刮水器片，另一只手按住刮水器片固定杆，即可完成分离刮水器片。	
3	拆卸刮水器片。	

续表

保养步骤	保养内容	图例
4	安装新的刮水器片。 其操作方法如下：先把新的刮水器片水平放置后将固定杆朝下，然后将刮水器片孔对准固定杆并向下插入。最后将刮水器片朝上推到最高位置，把固定杆安装到刮水器臂上，听到声响时，说明安装到位。	
5	检查新换的刮水器工作情况。	

三、检查工作质量

检查刮水器是否能正常工作，同时检查刮水器能否刮净风窗玻璃。

四、结束工作

（1）清洁汽车，回收车内三件套；收好车外三件套，关好发动机舱盖。

（2）清洁并整理作业场地。

训练3　挡风玻璃洗涤器的检查和维护

一、准备工作

1.材料、工具、设备的准备

车内三件套、车外三件套、车轮挡块、常用工具一套。

2.事故预防措施

进行刮水器的保养和维护时，不能刮花前风窗玻璃和刮水器骨架。

3.作业前的准备

将汽车停放在水平地面上。安装车轮挡块,固定住车辆以防止车辆自行移动。安装尾气排放装置,以防发动机起启时污染室内空气。

打开车门,安装车内三件套,以保持车内整洁干净。拉起发动机舱盖开关,安装车外三件套。

二、执行保养

保养步骤	保养内容	图例
1	检查洗涤器的液面高度,如不足应进行添加。	
2	检查洗涤器的喷口是否堵塞,如有堵塞则应排除。	
3	打开洗涤器开关。	

续表

保养步骤	保养内容	图例
4	观察洗涤器的喷射高度,如高度不足,应进行相应地修理。	

三、检查工作质量

检查洗涤器是否能正常工作。

四、结束工作

(1)清洁汽车,回收车内三件套;收好车外三件套,关好发动机舱盖。

(2)清洁并整理作业场地。

/任务 4.5/　电动车窗的维护与保养

【相关知识】

电动车窗是用伺服电动机驱动玻璃的升降,它取代了传统的转动摇柄升降玻璃,使得玻璃的升降更加轻松,但是随着汽车行驶里程的增加,其性能会随之下降,容易出现卡滞、异响等故障,因此应对其进行检查、维护作业。

电动车窗的维护

车窗玻璃的污损不但会影响外观,而且也会影响人们的视野,而过分脏污的车窗玻璃同时还会影响电动开关车窗的动作。为防止雨水流入车内,车窗的门框上端都装有橡胶带,橡胶带会与玻璃经常接触。玻璃污损后与橡胶带的摩擦增大,从而影响开关的动作,经常摩擦,橡胶带就会产生松动,从而导致密封不严,因此必须经常保养电动车窗。

1.电动车窗的作用

为了方便驾驶员和乘客,减轻他们的劳动强度,许多轿车采用了电动车窗,又称自动车窗,利用电动机来驱动升降器(又称换向器)使车窗上下移动。

2.电动车窗的组成

电动车窗主要由车窗升降器、电动机、开关等组成。车窗升降器有两种形式:一种是用齿扇来实现换向作用;另一种是用蜗轮蜗杆来实现换向作用。

3.电动车窗常见故障

电动车窗的电动开关如果动作不顺畅,那么很有可能是车门内部升降机里的油分已耗尽,这时应该取下内盖加上油;若是玻璃完全不能上下,则有可能是开关故障,如果是开关故障,只能更换电动机;如果电子装置失灵,主要应检查保险丝是否熔断。电动车窗常见故障有:所有车窗均不能升降,某车窗不能升降或只能向一个方向运动。

4.电动车窗可能出现的故障原因

(1)右前车窗控制开关损坏。

(2)驾驶员侧车窗控制开关损坏。

(3)窗锁开关损坏。

(4)车窗电动机损坏。

(5)车窗线束损坏。

电动天窗的维护和初始化调整

1.电动天窗的维护

手动天窗出现的很多故障是使用不当造成的。例如,锁扣或摇柄不慎拧反方向而对天窗造成的损害。汽车在颠簸的道路上行驶时不要完全滑开电动天窗,否则可能因天窗和滑轨间的振动太大而引起相关部件变形,甚至损坏电机。后加装的天窗应注意做好以下几个方面的工作:合格的产品、专业的安装、正确的使用和定期的保养。天窗完全防水是因为有橡胶密封圈密封,日常使用时要注意密封圈的防尘,特别是在冬季。

要经常用除尘掸进行清洁。不能在有冰冻的情况下开启天窗;在风沙较大的春秋两季,要每两个月用湿海绵清洁一次密封圈;带天窗的车辆在长久停放前应彻底清洁天窗。洗车时,不要将高压水柱直接对准密封圈,否则容易使密封圈在高压水柱压力下变形而使车内进水,同时还可能损坏密封圈。

2.电动天窗的初始化调整

(1)首先保证天窗电机和机械组必须处于"零位"。

(2)拆卸驱动罩盖。

(3)拔、插控制单元到电机的插头,拔、插延迟时间应大于 3 s,然后按照先连接挡位开关,再连接电源的顺序进行连接。

(4)旋转挡位开关从关闭位置顺时针旋转一定角度(大约 15°),并在电机没有运转起来前迅速把开关回到关闭位,然后按下挡位开关的一端(此操作同执行紧急关闭功能,并应在开关回到关闭位后的 5 s 内完成),天窗开始进入初始化过程,即自动完成全开关闭、翘起关闭的完整操作。

（5）天窗关闭后，释放挡位开关，初始化结束。

3.电动天窗的季节保养

进入雨季前，天窗的框架和密封条缝隙中积存了大量的灰尘和泥沙，如不及时清理，进入雨季后，就会降低天窗的密封性，从而引起漏水现象。此时需要打开天窗，用软布将框架和密封条缝隙中积存的灰尘和泥沙清理干净。

【技能训练】

训练1　电动车窗的常规检查和维护

一、准备工作

1.材料、工具、设备的准备

车内三件套、车外三件套、常用工具一套、车轮挡块、润滑脂一桶、毛巾。

2.事故预防措施

维护电动车窗时要防止头部伸入车窗内，以免夹伤。另外，不要损伤车窗玻璃。

3.作业前的准备

安装车轮挡块，固定住车辆以防止车辆自行移动。安装尾气排放装置，以防发动机启动时污染室内空气。

打开车门，安装车内三件套，以保持车内整洁干净。拉起发动机舱盖开关，安装车外三件套。

二、执行保养

保养步骤	保养内容	图例
1	打开点火开关，但不启动发动机。	
2	抬起电动车窗的开关，检查门窗动作是否顺畅。	

续表

保养步骤	保养内容	图例
3	检查门窗玻璃是否洁净。	
4	检查门窗上的橡胶带和门窗密封胶条是否完好,有无老化现象。	
5	取下车窗内盖,取下隐蔽螺钉,拆下快动开关。	

续表

保养步骤	保养内容	图例
6	剥开防水塑料。	
7	在臂支点和齿轮的内部喷上润滑脂。一边上下移动,一边进行喷涂。	
8	检查支承玻璃的滑块,并涂上增亮剂。	
9	贴好防水塑料。	
10	装好车窗内盖和快动开关。	

三、检查工作质量

检查车窗玻璃是否干净,同时检查车窗是否能正常工作。

四、结束工作

(1)清洁汽车,回收车内三件套;收好车外三件套,关好发动机舱盖。
(2)清洁并整理作业场地。

训练2　电动天窗维护

一、准备工作

1.材料、工具、设备的准备

车内三件套、车外三件套、常用工具一套、车轮挡块、润滑脂一桶、毛巾。

2.事故预防措施

维护电动天窗时要防止头部伸入天窗内,以防被夹伤。另外不要损伤天窗玻璃。

3.作业前的准备

安装车轮挡块,固定住车辆以防止车辆自行移动。安装尾气排放装置,以防发动机启动时污染室内空气。

打开车门,安装车内三件套,以保持车内整洁干净。拉起发动机舱盖开关,安装车外三件套。

二、执行保养

保养步骤	保养内容	图例
1	将天窗完全打开。	
2	用干净软布除去天窗滑轨上的灰尘和积垢。	

续表

保养步骤	保养内容	图例
3	给天窗滑轨喷涂不易吸附灰尘的润滑脂。	
4	润滑天窗活动部分的传动管道。	
5	反复打开和关闭天窗。	
6	擦去多余的滑润脂。	

三、检查工作质量

检查天窗玻璃是否干净,同时检查天窗是否能正常工作。

四、结束工作

(1)清洁汽车,回收车内三件套;收好车外三件套,关好发动机舱盖。

(2)清洁并整理作业场地。

项目五 ｜汽车车身的维护

　　汽车在长期使用过程中不可避免地有灰尘、泥土等粘在车身表面。这既影响美观，又损伤车身表面的漆面，进而有可能造成车身锈蚀。为了保持车身的美观和保护漆面，需要对车身表面进行定期维护。同时因经常开关车门、发动机舱、行李舱等，所以对车门锁、发动机舱锁和行李舱锁进行常规维护。

【学习目标】

　　(1)知道汽车清洗的方法。
　　(2)知道汽车打蜡的方法。
　　(3)知道车门锁的维护方法。
　　(4)知道发动机舱、行李舱锁的维护方法。

【学习任务】

　　(1)掌握汽车漆面的美容。
　　(2)掌握汽车发动机舱和行李舱拉线和锁闩的维护。
　　(3)掌握车门门锁的维护。

／任务 5.1／　汽车漆面的维护

【相关知识】

　　车辆在行驶的过程中难免会粘染上灰尘、泥土，对行车美观造成极大的影响，而且容易造成漆面氧化、车内异味等。因此必须对车辆进行清洗。

一、汽车的洗车

车表污垢的组成如下：
　　(1)外部沉积物。外部沉积物可以分为尘埃沉积物和油腻沉积物。

（2）锈蚀物。锈蚀物是由于金属和合金的化学或电化学被破坏而形成的。

（3）附着物。汽车在行驶中，由于周围环境的不同而容易粘上一些附着物，如行驶在维修的道路上容易粘上焦油、沥青等，行驶在乡间道路上容易粘上树汁、鸟粪、虫尸等。

二、洗车时的注意事项

（1）洗车时应选用专用洗车液，任何车身漆面均不能用洗衣粉、洗洁精等含碱性成分的普通洗涤用品，以免使车身漆面失去光泽，甚至使车漆干裂，造成不可挽回的损失。

（2）洗车时最好使用软水，尽量避免使用含矿物质较多的硬水，以免车身干燥后留下痕迹。

（3）在冲洗车身时，水压不宜太高，喷嘴与车身应保持一定的距离。

（4）洗车各工序都应遵循由上到下的原则。

（5）擦洗车身漆面时，应使用软毛巾或海绵，并检查其中是否裹有硬质颗粒，以免划伤漆面。

（6）车身粘有沥青、油渍等污物时，要及时用专用清洗剂进行清洗。

（7）洗车时，应进行最后一道吹干工序，不能省略。

（8）不要在阳光直射下洗车，以免车表水滴干燥后会留下斑点，影响清洗效果。

（9）若发动机罩还有余热，应待冷却后再进行清洗，防止温差太大伤及漆层。

（10）北方严寒季节不要在室外洗车，以防水滴在车身上结冰，造成漆层破裂。

【技能训练】

训练　洗车

一、准备工作

1.材料、设备的准备

高压洗车机一台、海绵、洗车液、长毛巾、短毛巾、鹿皮等。

2.事故预防措施

在操作过程中，要注意人身安全，特别是防止操作时摔倒；另外，注意洗车过程中，要避免把客户的车辆划伤；不能随意拿客户的任何一件财物，避免违法违纪。

3.作业准备

车辆在停入规范工位后，驾驶员将车辆钥匙交到操作人员手中，并陪同操作人员对车辆进行360°车身及内室检查。

二、执行操作

保养步骤	操作内容	图例
1	冲车:接到服务车辆后,由一人负责驶入工作间,一人在车前引导,适时提醒驾驶者控制好方向,然后关好门窗、天窗等,才能进行冲车。	
2	擦洗:将配制好的洗车液均匀喷洒在车身表面,如果有泡沫清洗机,可先将泡沫喷洒在车身表面,然后两人手持海绵一左一右按照从上到下的顺序擦洗车身。	
3	冲洗:擦洗完毕后,开始冲洗车身,顺序同冲车一样,但这时应以车顶、上部和中部为重点。	
4	擦车:用半湿性大毛巾将整个车身从前至后先预擦一遍,待车身中部及下部大部分水分被吸干之后,用干毛巾细擦一遍,要求擦干所留下的水痕。	

续表

保养步骤	操作内容	图例
5	吹干：完成前面四道工序后，车身表面基本洗干净。	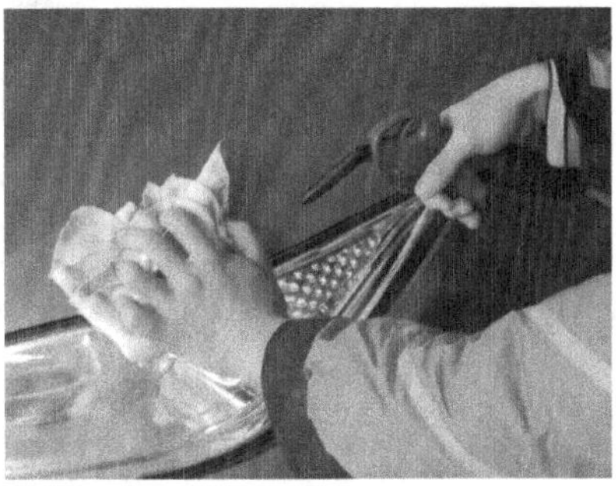

三、检查工作质量

检查车辆的车身是否有遗漏或没有擦洗干净的地方，如果有，一定要用干净的半干湿的鹿皮重新进行擦洗。

四、结束工作

(1)将所有使用过的毛巾清洗干净，并进行晾晒。

(2)整理所有洗车设备并摆放整齐，然后清洁场地。

∕任务 5.2∕　汽车车身漆面的打蜡与抛光

【相关知识】

一、车身打蜡

打蜡的方式有以下几种：

1.手工打蜡

手工打蜡可以使水滴附着量降低，有效避免车漆老化，隔断车漆与空气、尘埃的摩擦，使漆面恢复光亮。操作方法：用海绵沾上蜡，均匀抹在车身上，呈鱼鳞状，第二次覆盖第一次的三分之一(注：打蜡之后一周内最好不要洗车)。

2.打蜡机打蜡

打蜡机是汽车漆面美容最主要的设备之一，以电动的居多，呈圆形，如图 5-1 所示。

图 5-1　打蜡机

二、漆面抛光

抛光可将漆面老化的漆膜研磨掉,使新的漆膜产生,恢复亮丽。抛光作业分为:漆面氧化翻新抛光,大多整车做;漆面划痕修复作业,大多局部进行。

1.漆面的基本结构

面漆—底漆—磷化层(烤漆底漆)—铁板。

2.氧化层

阳光的常年照射是缩短车漆的主要原因,这一过程称为氧化层。

①深度氧化层:指使用在 2~3 年的车。

②中度氧化层:指使用在 1~2 年的车。

③轻度氧化层:指使用在 1 年以内的车。

3.漆面划痕的判断

①发丝划痕:洗车、擦车或轻微摩擦而产生的细划痕,一般手摸无感觉。

②浅度划痕:面漆被破坏,没有露出底漆的划痕为浅度划痕。

③中度划痕:面漆被破坏,露出了底漆的划痕为中度划痕。

④深度划痕:露出了汽车铁板的划痕为深度划痕。

4.变速抛光机的使用(研磨机)

机械式抛光机分为电动式和气动式两种。电动式抛光机转速较大且可调,功率较大,研磨抛光效果较好,注意有些抛光机的功率较大,对于初学者来说,要时刻注意抛光机的状态,以免损坏车漆。气动式抛光机转速较低且研磨抛光效力较差,研磨抛光作业的效率相对较低。一般使用的变速抛光机是一种集研磨和抛光为一体的设备,安装研磨盘时可进行研磨作业,安装抛光盘时可进行抛光作业。变速抛光机是通过旋转研磨盘或抛光盘来平滑并抛光漆面,以除去微小的漆面缺陷,并提高光洁度。

三、打蜡作业注意事项

1.要掌握好上蜡的频率

由于汽车行驶的环境与停放场所不同,各种车蜡的保持时间也不同,因而打蜡的间隔时间也应有所区别。

2.要注意打蜡的环境

打蜡作业应在室内进行,周围环境要清洁,要有良好的通风,以免沙尘附着在车身上,影响打蜡质量,甚至产生划痕。

3.要注意选择打蜡时机

打蜡时应选择天气晴朗的日子,雨天一般不宜进行。

4.要注意打蜡的方法

在上蜡作业时,要穿好工作服,摘下手表、戒指之类的装饰品,以防划伤漆面。

5.要注意打蜡的范围

上蜡时要注意涂抹的地方,小心不要涂在车窗和风窗玻璃上,否则玻璃上形成的油膜很难擦干净。

6.要掌握好力度和转速

上完蜡采用机械抛光时,应控制抛光的力度和转速,避免力度过大转速过高,从而抛伤车漆。

7.要注意检查整理

抛光结束后,要仔细检查,清除厂牌、车标内空隙处及油箱盖钥匙孔周围、纤细的边缘或转角部分,车门车窗密封橡胶的边条缝、车牌、车灯、门边等处残存的车蜡。

四、抛光机使用的注意事项

(1)抛光机开机或关机时决不能接触工作表面。

(2)作业时,右手紧握直把,左手紧握横把,由左手向作业面垂直用力,转盘与作业面保持基本平行,如图 5-2、图 5-3 所示。

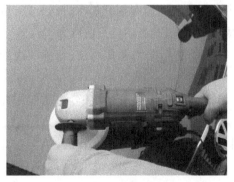

图 5-2　抛光机作业 1

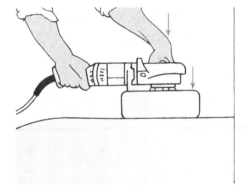

图 5-3　抛光机作业 2

(3)在抛光机完全停下之前,不要放下研磨机。

(4)不要太靠近边框、保险杠和其他可能咬住转盘外沿的部位进行作业。

(5)应时刻注意研磨机的电线,防止将电线卷入机器。

(6)抛光时,应注意不要让灰尘飞到脸上,而应使其落向地面。

(7)抛光机开机后轻下慢放于漆面,转速调为 1 000～1 400 r/min,研磨一遍,然后喷水

图 5-4　抛光机转速

再研磨一遍即可,如图 5-4 所示。

目前抛光机所用的抛光盘有 3 种:羊毛盘、粗质海绵盘、柔软海绵盘。羊毛盘和粗质海绵盘适用于抛光研磨场合,而柔软海绵盘的抛光面大都做成凹凸有致的波浪形,有利于精细抛光,形成光亮如镜的抛光漆面。抛光作业时切记区分使用。

研磨抛光时需要使用喷水壶,一边研磨抛光一边向研磨部位喷水,以达到降温、清洁及润滑的目的。

五、新车的开蜡

(1)开蜡水的选择

新车开蜡要使用专用的开蜡水,不能使用其他溶剂来代替。

(2)新车开蜡步骤

①车身表面的冲洗:新车开蜡时必须先冲洗车身表面,可用冷水高压清洗机冲去车表尘埃及其他表面附着物,否则会影响开蜡水的溶解效果。

②开蜡水的喷洒:冲洗干净车身表面后,在开蜡车车身表面均匀地喷上开蜡水。

③擦除残蜡:当车表蜡层完全溶解后,用棉布、毛巾或无纺布擦除车表的残蜡。

④清洗及擦干车身:使用冷水高压清洗机冲洗车身表面,然后喷上洗车液清洁车身,最后再用高压水冲净车身,擦干后即可交车。

(3)新车开蜡注意事项

①一定要使用新车开蜡水进行开蜡,不可使用其他溶剂来代替专用开蜡水进行开蜡,虽然有些溶剂也可以洗掉新车的保护蜡,但效果不是很好,若使用不当还会造成麻烦。

②喷洒开蜡水时要尽可能地均匀,厂牌、车标内空隙及油箱盖钥匙孔周围、纤细的边缘或转角部分也不能忽视。

③喷上开蜡水后,要等待几分钟,待开蜡水完全渗透蜡层并使其开始溶解后,才能用棉布或毛巾擦拭。

④清洗及擦干车身,要按洗车作业规程进行,因为车身表面经开蜡水开蜡后,仍会有部分车蜡及杂质残留。

【技能训练】

训练　汽车打蜡

一、准备工作

1.材料、设备的准备

轿车 1 辆、打蜡机 1 台、配套的打蜡套盘、车身护理车蜡。

2.事故预防措施

在操作过程中,注意防止触电以及损伤车辆的漆面。

3.作业前的准备

检查车漆有无擦刮,检查灯具、玻璃有无刮痕、裂痕,检查内饰物品有无损坏,并做好相应的记录,如图 5-5 所示。

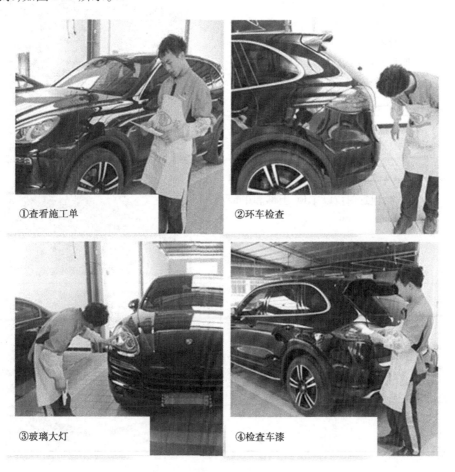

①查看施工单　　　　　　②环车检查

③玻璃大灯　　　　　　④检查车漆

图 5-5　作业前的准备

二、执行操作

保养步骤	操作内容	图例
1	冲车:接到服务车辆后,由一人负责驶入工作间,一人在车前引导,适时提醒驾驶者控制好方向,然后关好门窗、天窗等,才能进行冲车。	
2	擦洗:将配制好的洗车液均匀喷洒在车身表面,如果有泡沫清洗机,可先将泡沫喷洒在车身表面,然后两人手持海绵一左一右按照从上到下的顺序擦洗车身。	
3	冲洗:擦洗完毕后,开始冲洗车身,顺序同冲车一样,但这时应以车顶、上部和中部为重点。	
4	擦车:用半湿性大毛巾将整个车身从前至后先预擦一遍,待车身中部及下部大部分水分被吸干之后,用干毛巾细擦一遍,要求擦干所留下的水痕。	

续表

保养步骤	操作内容	图例
5	吹干:完成前面四道工序后,车身表面基本洗干净。	
6	上蜡:上蜡可分为手工上蜡和打蜡机上蜡两种。手工上蜡简单易行,同时可以使水滴附着量降低,能有效避免车漆老化,隔断车漆与空气、尘埃的摩擦,使漆面恢复光亮。打蜡机上蜡效率高。 (1)手工上蜡,用海绵沾上蜡,均匀抹在车身上,呈鱼鳞状,第二次覆盖第一次三分之一。 (2)打蜡机上蜡。	
7	抛光:上蜡后根据使用说明,一般停留几分钟,然后用手工抛光或用抛光机将其打亮。	

续表

保养步骤	操作内容	图例
8	检查整理:抛光后要检查整个车身的护理质量,特别是车身较显眼的地方,如果发现蜡上得不均匀,产生无序的反光现象,可用干净的无纺棉布轻轻地擦拭,也可以用抛光机重新进行抛光,直到光线反射面一致。	
9	收蜡清缝:用小毛刷和毛巾配合使用,最大限度地清理残余蜡渍。收蜡时,按打蜡的先后顺序进行收蜡(使用干净的干毛巾,注意毛巾上的标签必须撕掉,以免损伤漆面);注意塑料部件处的蜡痕和边缝的蜡灰(仔细、认真,必须将其清理干净)。	

三、检查工作质量

检查车身周围的缝隙是否有残余的车蜡,如果有,要进行清除。

四、结束工作

(1)清洗所有使用过的毛巾、海绵以及打蜡盘。

(2)清洁场地和设备。

/任务 5.3/ 汽车发动机舱和汽车车门门锁的维护

【相关知识】

一、汽车发动机舱门锁的类型

(1)舌簧式门锁:它是利用锁舌与挡块的啮合与脱开实现锁紧与开启,锁舌做直线往复运动,门锁有锁止机构,以防止门锁无意识开启。缺点是不能承受纵向载荷,安全性较低。同时关门费力且噪声大,锁舌与挡块容易磨损。

(2)钩簧式门锁:它是利用锁钩与挡块的啮合和脱开实现锁紧或开启,锁钩做摆式运动,缺点是承受纵向载荷能力极低。

(3)卡板式门锁:它是利用棘轮、棘爪原理通过旋转卡板与挡块的啮合和脱开实现锁紧或开启,具有全锁紧和半锁紧两个位置,安全、可靠。零件大部分为钢板冲压件,故工艺性好。

二、汽车发动机舱门锁的维护注意事项

(1)锁扣螺栓的端部应涂上相应标准的润滑脂。

(2)在检查门锁过程中不能猛关发动机舱盖,否则将损坏舱盖板表面。如果不能正常关闭,检查原因。

(3)从大约300 mm的高度放下发动机舱盖,将其关闭。

(4)如发动机舱门不能正常锁止,应调整锁扣螺栓行程。

(5)检查发动机舱盖锁闩螺母,如有松动应紧固至规定的扭矩。

三、汽车门锁的维护

汽车门锁系统是一个装在车门及其立柱上能将车门可靠锁紧并通过其内部机构实现开启及锁止功能的装置,是一个非常重要的车身附件。它具有安全防护作用,既要保证车门正常使用中的可靠锁紧,防止车门意外或无意识打开,又要保证需要时车门能顺利打开,确保在正常或有紧急情况发生时通行,以免造成生命危险和财产损失。汽车门锁属安全部件,又称为终端闭合功能件。

(1)对汽车门锁定期进行检查,根据使用频次、磨耗情况,每隔6~12个月检查或保养一次。

(2)由于汽车门锁为非密封形式,在使用过程中外部环境对其影响较大;风沙侵蚀、环境温度的变化,都会造成润滑脂性能变差,从而影响门锁的工作情况。

（3）车辆在使用过程中,门锁润滑脂会逐渐减少,如不按规定对其正确保养,将会发生异响或无法正常开关车门、后备厢等现象。

【技能训练】

训练1　汽车发动机舱锁的调整

一、准备工作

1.材料、工具的准备

常用工具一套、车内三件套、车外三件套、润滑脂。

2.事故预防措施

在维护过程中,由于发动机舱锁位置比较狭窄,所以在操作过程中小心手不要被划伤。

3.作业前的准备

安装车轮挡块,固定住车辆以防止车辆自行移动。打开车门,安装车内三件套,以保持车内整洁干净。拉起发动机舱盖开关,打开发动机舱盖,安装车外三件套。

二、执行保养

保养步骤	操作内容	图例
1	用带垫圈的螺栓换下定心螺栓:定心螺栓是发动机舱盖铰链固定螺栓,不换下定心螺栓就无法调整发动机舱盖,故应用带垫圈的螺栓换下定心螺栓。	
2	拧下发动机舱盖侧面铰链螺栓,沿前后方向和垂直方向调整发动机舱盖。	

续表

保养步骤	操作内容	图例
3	转动弹性垫,调整发动机舱盖。	
4	拧松发动机舱盖锁的固定螺栓,调整发动机舱盖锁;发动机舱盖锁的调整应保证发动机舱盖周边间隙均匀,上下高度均匀一致;调整后应将发动机舱盖锁螺栓拧紧至规定力矩。	

三、检查工作情况

检查发动机舱盖锁在全锁紧和半锁紧两个位置,是否工作正常。

四、结束工作

(1)收起车外三件套并清洁工具、车身。

(2)收起车内三件套,并清洁恢复场地。

(3)关闭发动机舱盖,清洁工具并归位。

训练 2　汽车门锁的更换

一、准备工作

1.材料、工具的准备

常用工具一套、车内三件套、车外三件套、润滑脂。

2.事故预防措施

在维护过程中,由于锁闩位置比较狭窄,所以在操作过程中小心不要划伤手。

3.作业前的准备

安装车轮挡块,固定住车辆以防止车辆自行移动。打开车门,安装车内三件套,以保持车内整洁干净。拉起发动机舱盖开关，打开发动机舱盖，安装车外三件套。

二、执行保养

1.车门锁的拆卸

保养步骤	操作内容	图例
1	拆下车门饰板。	
2	将车门锁拉线固定件从车门上松开。	
3	断开门锁电气连接器。	
4	拆下带有把手壳体的门锁。	

续表

保养步骤	操作内容	图例
5	从锁上拆下把手和锁杆。	
6	检查锁、锁芯和车门把手,更换车门锁总成。	

2.车门锁的装配

保养步骤	操作内容	图例
1	安装锁芯,并拧紧固定螺钉。	
2	将锁杆和把手装入,然后用力把锁杆卡入槽中锁紧。	

续表

保养步骤	操作内容	图例
3	安装带有把手壳体的门锁,并拧紧固定螺钉。	
4	插上门锁的电器连接器。	
5	连接车门锁的拉线。	
6	安装车门饰板。	

续表

保养步骤	操作内容	图例
7	开、关车门检查车门锁的工作情况,如有异常,可以进行调整或更换。	

三、检查工作质量

(1)检查车门能否锁严。

(2)检查车门是否有变形。

四、结束工作

(1)收起车外三件套并清洁工具和车身。

(2)收起车内三件套并清洁恢复场地。

参考文献

［1］张志强,谢云峰.汽车维护［M］.北京:科学出版社,2014.

［2］张志强.汽车维护［M］.北京:机械工业出版社,2016.

［3］曹建国.汽车维修实用技术［M］.2 版.重庆:重庆大学出版社,2005.

［4］张志强,陈彬,谢云峰.汽车检测与维护［M］.重庆:重庆大学出版社,2020.

［5］郭文龙,唐芳,胡胜.汽车维修技能基础［M］.北京:机械工业出版社,2021.